# 시원스쿨 여행 베트남어

## 이수진 · 시원스쿨어학연구소 지음

KB047099

시원스쿨닷컴

**시원스쿨**

# 여행 베트남어

**초판 1쇄 발행** 2024년 4월 26일

**지은이** 이수진·시원스쿨어학연구소
**펴낸곳** (주)에스제이더블유인터내셔널
**펴낸이** 양홍걸 이시원

**홈페이지** vietnam.siwonschool.com
**주소** 서울시 영등포구 영신로 166 시원스쿨
**교재 구입 문의** 02)2014-8151
**고객센터** 02)6409-0878

**ISBN** 979-11-6150-835-1 10730
**Number** 1-420505-26269900-08

이 책은 저작권법에 따라 보호받는 저작물이므로 무단복제와 무단전재를 금합니다. 이 책 내용의 전부 또는 일부를 이용하려면 반드시 저작권자와 ㈜에스제이더블유인터내셔널의 서면 동의를 받아야 합니다.

목차 CONTENTS

이 책의 구성 및 활용

## 미리 보는 여행 베트남어 사전

급할 때 바로 찾아 말할 수 있도록 단어와 문장을 가나다 사전식으로 구성하였습니다.

## 상황별 단어

공항, 호텔, 식당 등 여행지에서 자주 쓰는 어휘를 한눈에 보기 쉽게 정리하였습니다.

## 상황별 표현

여행에 꼭 필요한 필수 표현들만 엄선하여 수록하였습니다. 베트남어를 몰라도 말하기가 가능하도록 한글 발음을 표기하였습니다.

## 시원스쿨 여행 베트남어만의 특별한 부록

### 핵심 표현 정리집 PDF

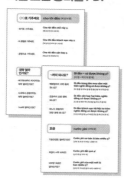

### 필수 여행 자료 PDF

핵심 표현 정리집 PDF & 필수 여행 자료 PDF

시원스쿨 베트남어(vietnam.siwonschool.com)
홈페이지 ▶ 학습지원센터 ▶ 공부자료실 ▶
도서명 검색한 후 무료로 다운로드 가능합니다.

# 미리 보는
## 여행 베트남어 사전

필요한 단어와 문장을 한글 순서로 제시하였습니다.
원하는 문장을 바로바로 찾아 말해보세요.

## ㅍ

## ㅎ

# 빨리찾아

# 기내에서

## 01 이것 £

**cái này**
[까이 나이]

| | |
|---|---|
| · 이것이 무엇인가요? | 까이 나이 라 까이 지 아<br>Cái này là cái gì ạ? |
| · 이것을 가져다주세요. | 쩌 또이 씬 까이 나이 아<br>Cho tôi xin cái này ạ. |
| · 이것은 작동이 안 돼요. | 까이 나이 콤 호앋 돔 아<br>Cái này không hoạt động ạ. |
| · 이것을 치워주세요. | 씬 아잉/찌 전 까이 나이 쩌 또이<br>Xin anh/chị dọn cái này cho tôi. |
| · 이것을 바꿔주세요. | 씬 아잉/찌 도이 까이 나이 쩌 또이<br>Xin anh/chị đổi cái này cho tôi. |
| · 이것을 가져도 되나요? | 또이 꺼 테 러이 까이 나이 드억 콤 아<br>Tôi có thể lấy cái này được không ạ? |

## 02 좌석

### chỗ ngồi
[쪼 응오이]

· 여기가 당신 자리인가요?

쪼 응오이 나이 라 꾸어 아잉/찌
파이 콤 아
Chỗ ngồi này là của anh/chị
phải không ạ?

· 제 자리예요.

더이 라 쪼 응오이 꾸어 또이 아
Đây là chỗ ngồi của tôi ạ.

· 제 자리는 어디인가요?

쪼 응오이 꾸어 또이 어 더우 아
Chỗ ngồi của tôi ở đâu ạ?

· 제 자리를 발로 치지
마세요.

씬 등 다 바오 쪼 응오이 (게) 꾸어
또이
Xin đừng đá vào chỗ ngồi (ghế)
của tôi.

## 03 안전벨트

## dây an toàn
[저이 안 또안]

· 안전벨트를 매세요.

씬 아잉/찌 부이 렁 탇 저이 안 또안
Xin anh/chị vui lòng thắt dây
an toàn.

· 제 안전벨트가 작동이
안 돼요.

저이 안 또안 꾸어 또이 콤 탇 드억
아
Dây an toàn của tôi không thắt
được ạ.

· 제 안전벨트가 헐렁해요.

저이 안 또안 꾸어 또이 비 렁 아
Dây an toàn của tôi bị lỏng ạ.

· 제 안전벨트가 너무 타이트
해요.

저이 안 또안 꾸어 또이 쩓 꾸아 아
Dây an toàn của tôi chật quá ạ.

## 04 변기

**bồn cầu**
[본 꺼우]

· 변기에 물이 안 나와요.
본 꺼우 느억 콤 짜이 자 아
Bồn cầu nước không chảy ra ạ.

· 변기가 막혔어요.
본 꺼우 비 딱 조이 아
Bồn cầu bị tắc rồi ạ.

## 05 스크린

**màn hình**
[만 힝]

· 화면 한번 봐 주세요.
씬 아잉/찌 하이 끼엠 짜 만 힝 지웁 또이
Xin anh/chị hãy kiểm tra màn hình giúp tôi.

· 화면이 안 나와요.
만 힝 콤 렌 힝 아
Màn hình không lên hình ạ.

· 화면이 멈췄어요.

만 힝 비 등 아
Màn hình bị đứng ạ.

· 화면이 너무 밝아요.

만 힝 쌍 꾸아 아
Màn hình sáng quá ạ.

## 06 불 **đèn**
[댄]

· 불은 어떻게 켜나요?

벋 댄 니으 테 나오 아
Bật đèn như thế nào ạ?

· 불이 너무 밝아요.

댄 꾸아 쌍 아
Đèn quá sáng ạ.

· 불 좀 꺼주세요.

씬 아잉/찌 딷 댄 지웁 또이
Xin anh/chị tắt đèn giúp tôi.

## 07 냅킨

**giấy ăn**
[지어이 안]

· 냅킨 좀 주세요.

쩌 또이 씬 까이 지어이 안 아
Cho tôi xin cái giấy ăn ạ.

· 물티슈 좀 주세요.

쩌 또이 씬 칸 으얻 아
Cho tôi xin khăn ướt ạ.

## 08 담요

**chăn**
[짠]

· 담요가 없어요.

또이 콤 꺼 짠 아
Tôi không có chăn ạ.

· 담요 좀 가져다주세요.

쩌 또이 씬 까이 짠 아
Cho tôi xin cái chăn ạ.

· 담요를 하나만 더 주세요.

쩌 또이 씬 템 몯 까이 짠 아
Cho tôi xin thêm một cái chăn
ạ.

## 09 안대

## miếng che mắt
[미엥 째 맏]

· 안대 있나요?

아잉/찌 꺼 미엥 째 맏 콤 아
Anh/Chị có miếng che mắt
không ạ?

· 이 안대는 불편해요.

까이 미엥 째 맏 나이 콤 토아이
마이 아
Cái miếng che mắt này không
thoải mái ạ.

· 다른 안대를 가져다주세요.

쩌 또이 씬 미엥 째 맏 칵 아
Cho tôi xin miếng che mắt khác
ạ.

## 10 베개

## gối
[고이]

· 베개가 있나요?

아잉/찌 꺼 고이 콤 아
Anh/Chị có gối không ạ?

기내 22p      공항 36p      거리 50p      택시&기차 66p      렌트&투어 84p

· 이 베개는 불편해요.　　까이 고이 나이 콤 토아이 마이 아
　　　　　　　　　　　　Cái gối này không thoải mái ạ.

· 다른 베개로 가져다주세요.　쩌 또이 씬 까이 고이 칵 아
　　　　　　　　　　　　Cho tôi xin cái gối khác ạ.

## 11  기내용 슬리퍼  dép đi trong máy bay
[잽 디 쩜 마이 마이]

· 기내용 슬리퍼가 있나요?　　꺼 잽 디 쩜 마이 바이 콤 아
　　　　　　　　　　　　Có dép đi trong máy bay không
　　　　　　　　　　　　ạ?

· 기내용 슬리퍼가 불편해요.　도이 잽 나이 콤 토아이 마이 아
　　　　　　　　　　　　Đôi dép này không thoải mái ạ.

## 12  헤드폰 　tai nghe
[따이 응애]

· 헤드폰을 가져다주세요.　　쩌 또이 씬 까이 따이 응애 아
　　　　　　　　　　　　Cho tôi xin cái tai nghe ạ.

· 헤드폰이 잘 안 돼요.

따이 응애 꾸어 또이 응애 콤 저 아
ạ.
Tai nghe của tôi nghe không rõ
ạ.

· 헤드폰 코드는 어디에
꽂나요?

따이 응애 나이 깜 어 더우 아
Tai nghe này cắm ở đâu ạ?

## 13 리모컨

### điều khiển
[디에우 키엔]

· 리모컨을 가져다주세요.

쩌 또이 씬 까이 디에우 키엔 아
Cho tôi xin cái điều khiển ạ.

· 리모컨이 안 돼요.

까이 디에우 키엔 나이 콤 호앗돔 아
Cái điều khiển này không
hoạt động ạ.

· 리모컨을 다른 것으로
가져다주세요.

쩌 또이 씬 까이 디에우 키엔 칵 아
Cho tôi xin cái điều khiển khác
ạ.

# 14 마실 것 🥛

## đồ uống
[도 우옹]

· 마실 것을 주세요.

쩌 또이 씬 몯 읻 도 우옹 아
Cho tôi xin một ít đồ uống ạ.

· 물을 주세요.

쩌 또이 씬 몯 읻 느억 쑤오이 아
Cho tôi xin một ít nước suối ạ.

· 뜨거운 물을 주세요.

쩌 또이 씬 몯 읻 느억 넘 아
Cho tôi xin một ít nước nóng ạ.

· 얼음물을 주세요.

쩌 또이 씬 몯 읻 느억 다 아
Cho tôi xin một ít nước đá ạ.

· 오렌지 주스를 주세요.

쩌 또이 씬 몯 읻 느억 깜 아
Cho tôi xin một ít nước cam ạ.

· 콜라를 주세요.

쩌 또이 씬 몯 읻 꼬 까 아
Cho tôi xin một ít cô-ca ạ.

· 사이다를 주세요.

쩌 또이 씬 몯 읻 바이 업 아
Cho tôi xin một ít 7 up ạ.

· 녹차를 주세요.

쩌 또이 씬 몯 읻 짜 싸잉 아
Cho tôi xin một ít trà xanh ạ.

· 커피를 주세요.

써 또이 씬 몯 잍 까 페 아
Cho tôi xin một ít cà phê ạ.

· 맥주를 주세요.

써 또이 씬 비어 아
Cho tôi xin bia ạ.

· 와인을 주세요.

써 또이 씬 즈어우 방 아
Cho tôi xin rượu vang ạ.

· 레드 와인을 주세요.

써 또이 즈어우 방 더 아
Cho tôi rượu vang đỏ ạ.

· 화이트 와인을 주세요.

써 또이 즈어우 방 짱 아
Cho tôi rượu vang trắng ạ.


## 15 간식거리

### đồ ăn vặt
[도 안 받]

· 간식거리가 있나요?

아잉/찌 꺼 도 안 받 나오 콤 아
Anh/Chị có đồ ăn vặt nào không
ạ?

· 땅콩 주세요.

써 또이 더우 폼 아
Cho tôi đậu phộng ạ.

· 땅콩 좀 더 주세요.

쩌 또이 씬 템 더우 폼 아
Cho tôi xin thêm đậu phộng ạ.

· 쿠키 주세요.

쩌 또이 바잉 꾸이 아
Cho tôi bánh quy ạ.

· 쿠키 좀 더 주세요.

쩌 또이 씬 템 바잉 꾸이 아
Cho tôi xin thêm bánh quy ạ.

## 16 식사

# ăn cơm
[안 껌]

· 식사 시간이 언제인가요?

머이 지어 안 껌 아
Mấy giờ ăn cơm ạ?

· 오늘 메뉴가 무엇인가요?

특 던 홈 나이 라 지 아
Thực đơn hôm nay là gì ạ?

· 식사를 지금 할게요.

또이 무온 안 껌 버이 지어 아
Tôi muốn ăn cơm bây giờ ạ.

· 식사를 나중에 하고
싶어요.

또이 쌔 안 싸우 아
Tôi sẽ ăn sau ạ.

# 빨리찾아

# 공항에서

## 01 게이트

### cửa ra
[끄어 자]

- 게이트를 못 찾겠어요.

  또이 콤 테 띰 터이 끄어 자 아
  Tôi không thể tìm thấy cửa ra ạ.

- 50번 게이트는 어디에
  있나요?

  끄어 자 쏘 남 므어이 어 더우 아
  Cửa ra số 50 ở đâu ạ?

## 02 경유

### quá cảnh
[꾸아 까잉]

- 저는 경유 승객입니다.

  또이 라 하잉 카익 꾸아 까잉 아
  Tôi là hành khách quá cảnh ạ.

- 어디에서 경유하나요?

  또이 꺼 테 꾸아 까잉 어 더우 아
  Tôi có thể quá cảnh ở đâu ạ?

· OO를 경유해서 홍콩으로 가요.

또이 쌔 꾸아 까잉 어 디 홍 꽁 아
Tôi sẽ quá cảnh ở OO đi Hồng Kông ạ.

## 03 탑승

## lên máy bay
[렌 마이 바이]

· 탑승은 언제 하나요?

바오 지어 또이 꺼 테 렌 마이 바이 아
Bao giờ tôi có thể lên máy bay ạ?

· 얼마나 기다려야 하나요?

또이 파이 쩌 쩜 바오 러우 아
Tôi phải chờ trong bao lâu ạ?

## 04 연착 ⏱

## hạ cánh muộn
[하 까잉 무온]

· 비행기가 연착됐나요?

마이 바이 꾸어 또이 비 하 까잉 무온 콤 아
Máy bay của tôi bị hạ cánh muộn không ạ?

· 무슨 일로 연착이 됐나요?

따이 싸오 마이 바이 비 하 까잉 무온 아
Tại sao máy bay bị hạ cánh muộn ạ?

· 언제까지 기다려야 하나요?

또이 파이 쩌 덴 키 나오 아
Tôi phải chờ đến khi nào ạ?

## 05 다음 비행 편 chuyến bay tiếp theo [쭈이엔 바이 띠엡 태오]

공항

· 다음 비행기는 언제인가요?

바오 지어 꺼 쭈이엔 바이 띠엡 태오 아

Bao giờ có chuyến bay tiếp theo ạ?

· 다음 비행기 편은 어떤 항공사인가요?

쭈이엔 바이 띠엡 태오 라 항 항 콤 나오 아

Chuyến bay tiếp theo là hãng hàng không nào ạ?

· 다음 비행기 편은 얼마인가요?

배 쭈이엔 바이 띠엡 태오 바오 니에우 버이 아

Vé chuyến bay tiếp theo bao nhiêu vậy ạ?

· 기다렸으니, 좌석 업그레이드 해주실 수 있나요?

꺼 테 넝 까오 항 쪼 응오이 쩌 또이 비 파이 쩌 콤 아

Có thể nâng cao hạng chỗ ngồi cho tôi vì phải chờ không ạ?

## 06 대기  chờ
[쩌]

- 얼마나 대기해야 하나요?

  파이 쩌 코앙 바오 러우 아

  Phải chờ khoảng bao lâu ạ?

- 어디에서 대기해야 하나요?

  또이 파이 쩌 어 더우 아

  Tôi phải chờ ở đâu ạ?

- 대기하는 동안 공항 밖으로 나갈 수 있나요?

  쩜 키 쩌 또이 꺼 테 자 응오아이 썬 바이 콤 아

  Trong khi chờ tôi có thể ra ngoài sân bay không ạ?


## 07 대기 장소 phòng chờ
[펌 쩌]

- 대기 장소는 어디인가요?

  펌 쩌 어 더우 아

  Phòng chờ ở đâu ạ?

42

· 인터넷을 할 수 있는 곳은
어디인가요?

어 더이 꺼 테 줌 인떠넷 어 더우 아
Ở đây có thể dùng Internet ở
đâu ạ?

· 비즈니스 라운지는
어디인가요?

펌 카익 항 트엉 지아 어 더우 아
Phòng khách hạng thương gia
ở đâu ạ?

## 08 레스토랑

### nhà hàng
[냐 항]

· 레스토랑이 어디인가요?

냐 항 어 더우 아
Nhà hàng ở đâu ạ?

· 한국 식당이 있나요?

꺼 냐 항 한 꾸옥 콤 아
Có nhà hàng Hàn Quốc không
ạ?

· 커피숍이 어디인가요?

꾸안 까 페 어 더우 아
Quán cà phê ở đâu ạ?

· 오래 걸리나요?

꺼 먿 니에우 터이 지안 콤 아
Có mất nhiều thời gian không
ạ?

## 09 면세점  cửa hàng miễn thuế [끄어 항 미엔 투에]

· 면세점은 먼가요?

끄어 항 미엔 투에 꺼 싸 콤 아
Cửa hàng miễn thuế có xa
không ạ?

· 화장품 파는 곳은
어디인가요?

꾸어이 반 미 펌 어 더우 아
Quầy bán mỹ phẩm ở đâu ạ?

· 선물 포장을 해주세요.

씬 거이 꾸아 라이 쩌 또이 아
Xin gói quà lại cho tôi ạ.

## 10 왕복 티켓  vé khứ hồi
[배 크 호이]

· 왕복 티켓을 보여주세요.
씬 쩌 또이 쌤 배 크 호이
Xin cho tôi xem vé khứ hồi.

· 왕복 티켓 있으세요?
아잉/찌 꺼 배 크 호이 콤 아
Anh/Chị có vé khứ hồi không ạ?

· 네, 여기 제 왕복 티켓이에요.
벙 배 크 호이 꾸어 또이 더이 아
Vâng, vé khứ hồi của tôi đây ạ.

## 11 여기 왜 왔느냐면요 <br> Tôi đến đây để
[또이 덴 더이 데]

· 휴가 보내러 왔어요.
또이 덴 더이 데 응이 맏 아
Tôi đến đây để nghỉ mát ạ.

· 여행하러 왔어요.
또이 덴 더이 데 주 릭 아
Tôi đến đây để du lịch ạ.

· 출장 왔어요.
또이 덴 더이 데 꼼 딱 아
Tôi đến đây để công tác ạ.

45

## 12 ○○동안 있을 거예요

### Tôi định ở trong
[또이 딩 어 쩜]

· 3일 동안 있을 거예요.
또이 딩 어 쩜 바 응아이 아
Tôi định ở trong ba ngày ạ.

· 일주일 동안 있을 거예요.
또이 딩 어 쩜 몯 뚜언 아
Tôi định ở trong một tuần ạ.

· 2주 동안 있을 거예요.
또이 딩 어 쩜 하이 뚜언 아
Tôi định ở trong hai tuần ạ.

· 한 달 동안 있을 거예요.
또이 딩 어 쩜 몯 탕 아
Tôi định ở trong một tháng ạ.

## 13 수화물 찾는 곳

### nơi nhận hành lý
[너이 년 하잉 리]

· 수화물은 어디에서 찾나요?
또이 꺼 테 년 하잉 리 어 더우 아
Tôi có thể nhận hành lý ở đâu
ạ?

· 수화물 찾는 곳은
어디인가요?

너이 년 하잉 리 어 더우 아
Nơi nhận hành lý ở đâu ạ?

· 수화물 찾는 곳으로
데려다주세요.

씬 쩌 또이 덴 너이 년 하잉 리
Xin cho tôi đến nơi nhận
hành lý.

## 14 분실 

**thất lạc**
[털 락]

· 제 짐을 못 찾겠어요.

또이 콤 테 띰 터이 하잉 리 꾸어
또이 아
Tôi không thể tìm thấy hành lý
của tôi ạ.

· 제 짐이 아직 안 나왔어요.

하잉 리 꾸어 또이 쯔어 자 아
Hành lý của tôi chưa ra ạ.

· 제 짐이 없어졌어요.

하잉 리 꾸어 또이 비 털 락 아
Hành lý của tôi bị thất lạc ạ.

· 분실 신고는 어디에서
  하나요?

쪼 카이 바오 하잉 리 털 락 어
더우 아
Chỗ khai báo hành lý thất lạc ở
đâu ạ?

## 15 세관 신고하다 📋  khai báo hải quan
[카이 바오 하이 꾸안]

---

· 세관 신고를 할 물건이
  있어요.

또이 꺼 항 호아 파이 카이 바오
하이 꾸안 아
Tôi có hàng hoá phải khai báo
hải quan ạ.

· 세관 신고를 할 물건이
  없어요.

또이 콤 꺼 지 파이 카이 바오
하이 꾸안 아
Tôi không có gì phải khai báo
hải quan ạ.

· 세관 신고를 하려면 어디로 가나요?

네우 카이 바오 하이 꾸안 티 또이 파이 디 더우 아

Nếu khai báo hải quan thì tôi phải đi đâu ạ?

# 16 선물

## món quà
[먼 꾸아]

· 이것은 선물할 거예요.

까이 나이 라 꾸아 땅 아

Cái này là quà tặng ạ.

· 이것은 선물 받은 거예요.

더이 라 먼 꾸아 또이 다 드억 년 아

Đây là món quà tôi đã được nhận ạ.

· 선물로 산 거예요.

또이 무어 까이 나이 데 람 꾸아 땅 아

Tôi mua cái này để làm quà tặng ạ.

# 빨리찾아

| 09 | 걷다 | **đi bộ**<br>[디 보] |
|----|------|------------------|
| 10 | 돌다, 꺾다 | **rẽ**<br>[재] |
| 11 | 붐비다 | **đông**<br>[동] |
| 12 | 러시아워 | **giờ cao điểm**<br>[지어 까오 디엠] |
| 13 | 어디에 있나요? | **(ở) đâu ạ?**<br>[(어) 더우 아] |
| 14 | 어떻게 가나요? | **đi thế nào ạ?**<br>[디 테 나오 아] |
| 15 | 얼마나 걸리나요? | **mất bao lâu ạ?**<br>[먼 바오 러우 아] |
| 16 | 고맙습니다 | **cảm ơn**<br>[깜 언] |

거리

# 거리에서

## 01 길, 거리 🔊     **đường**
[드엉]

· 이 길 좀 알려주실 수 있으세요?

아잉/찌 꺼 테 찌 드엉 나이 쩌 또이 드억 콤 아
Anh/Chị có thể chỉ đường này cho tôi được không ạ?

· 이 길이 맞나요?

디 드엉 나이 꺼 둠 콤 아
Đi đường này có đúng không ạ?

· 이 방향이 맞나요?

디 흐엉 나이 꺼 둠 콤 아
Đi hướng này có đúng không ạ?

· 이 길이 아닌 것 같아요.

힝 니으 콤 파이 드엉 나이
Hình như không phải đường này.

· 이 길을 따라 계속 가야
하나요?

끄 디 탕 태오 드엉 나이 파이
콤 아
Cứ đi thẳng theo đường này
phải không ạ?

· 이 다음 길이(블록이)
맞나요?

라 드엉 께 띠엡 파이 콤 아
Là đường kế tiếp phải không ạ?

· 이 거리는 어디인가요?

드엉 나이 어 더우 아
Đường này ở đâu ạ?

· 이 거리로 데려다주세요.

람 언 쩌 또이 덴 드엉 나이 아
Làm ơn cho tôi đến đường này
ạ.

· 이 거리 이름은 무엇인가요?

뗀 꾸아 드엉 나이 라 지 아
Tên của đường này là gì ạ?

## 02 찾다 🔍

**tìm**
[띰]

---

· 여기를 찾고 있어요.

또이 당 띰 쪼 나이 아
Tôi đang tìm chỗ này ạ.

· 이 주소를 찾고 있어요.

또이 당 띰 디어 찌 나이 아
Tôi đang tìm địa chỉ này ạ.

· 이 레스토랑을 찾고 있어요.

또이 당 띰 냐 항 나이 아
Tôi đang tìm nhà hàng này ạ.

· 버스 정류장을 찾고 있어요.

또이 당 띰 짬 쌔 부잍 아
Tôi đang tìm trạm xe buýt ạ.

· 공중화장실을 찾고 있어요.

또이 당 띰 냐 베 씽 꼼 꼼 아
Tôi đang tìm nhà vệ sinh
công cộng ạ.

## 03 주소

# địa chỉ
[디어 찌]

· 이 주소는 어디인가요?

디어 찌 나이 라 더우 아
Địa chỉ này là đâu ạ?

· 이 주소는 어떻게 가나요?

무온 덴 디어 찌 나이 티 파이 디
테 나오 아
Muốn đến địa chỉ này thì phải đi
thế nào ạ?

· 이 주소를 아시나요?

아잉/찌 꺼 비엔 디어 찌 나이 콤 아
Anh/Chị có biết địa chỉ này
không ạ?

· 이 주소로 데려다주세요.

람 언 쩌 또이 덴 디어 찌 나이 아
Làm ơn cho tôi đến địa chỉ này
ạ.

거리

## 04 지도

### bản đồ
[반 도]

· 이 지도가 맞나요?

반 도 나이 꺼 둠 콤 아
Bản đồ này có đúng không ạ?

· 무료로 제공되는 지도가
있나요?

꺼 반 도 미엔 피 콤 아
Có bản đồ miễn phí không ạ?

· 지도에서 여기는
어디인가요?

쪼 나이 라 더우 쩬 반 도 아
Chỗ này là đâu trên bản đồ ạ?

· 약도 좀 그려주실 수
있나요?

배 써 도 지웁 또이 드억 콤 아
Vẽ sơ đồ giúp tôi được không
ạ?

## 05 오른쪽

### bên phải
[벤 파이]

· 오른쪽으로 가세요.

아잉/찌 디 벤 파이 내
Anh/Chị đi bên phải nhé.

---

· 오른쪽으로 곧장 가세요.    아잉/찌 끄 디 벤 파이 아
                                Anh/Chị cứ đi bên phải ạ.

· 오른쪽 건물이에요.      또아 냐 벤 파이 아
                                Tòa nhà bên phải ạ.

## 06 왼쪽

**bên trái**
[벤 짜이]

· 왼쪽으로 가세요.      아잉/찌 디 벤 짜이 냬
                                Anh/Chị đi bên trái nhé.

· 왼쪽으로 곧장 가세요.    아잉/찌 끄 디 벤 짜이 아
                                Anh/Chị cứ đi bên trái ạ.

· 왼쪽 건물이에요.      또아 냐 벤 짜이 아
                                Tòa nhà bên trái ạ.

## 07 모퉁이  góc
[겁]

· 이 모퉁이를 돌면 있어요.

네우 재 어 겁 나이 티 쌔 꺼 아
Nếu rẽ ở góc này thì sẽ có ạ.

· 이 모퉁이를 돌면 여기가 나오나요?

네우 재 어 겁 나이 티 쌔 꺼 또아 냐 둠 콤 아
Nếu rẽ ở góc này thì sẽ có tòa nhà đúng không ạ?

· 여기가 아니라 다음 모퉁이 에요.

콤 파이 쪼 나이 마 라 겁 드엉 띠엡 태오 아
Không phải chỗ này mà là góc đường tiếp theo ạ.


## 08 횡단보도  vạch sang đường
[바익 쌍 드엉]

· 횡단보도는 어디에 있나요?

바익 쌍 드엉 어 더우 아
Vạch sang đường ở đâu ạ?

· 횡단보도가 여기에서 먼가요?

바익 쌍 드엉 꺼 싸 더이 콤 아
Vạch sang đường có xa đây không ạ?

· 횡단보도는 어떻게 가나요?

무온 덴 바익 쌍 드엉 티 파이 디 테 나오 아
Muốn đến vạch sang đường thì phải đi thế nào ạ?

· 여기에서 건너야 하나요?

파이 쌍 드엉 어 더이 둠 콤 아
Phải sang đường ở đây đúng không ạ?

## 09 걷다 👣 **đi bộ**
[디 보]

· 여기에서 걸어갈 수 있나요?

또이 꺼 테 디 보 어 더이 드억 콤 아
Tôi có thể đi bộ ở đây được không ạ?

· 얼마나 걸리나요?

먿 바오 러우 아
Mất bao lâu ạ?

## 10 돌다, 꺾다 ⟲⟰⟱ rẽ
[재]

- 우회전을 해주세요.
하이 재 파이 아
Hãy rẽ phải ạ.

- 좌회전을 해주세요.
하이 재 짜이 아
Hãy rẽ trái ạ.

- 유턴을 해주세요.
하이 꾸아이 더우 쌔 아
Hãy quay đầu xe ạ.

## 11 붐비다 👥 đông
[돔]

- 오늘 왜 이렇게 사람들이 많나요?
싸오 홈 나이 돔 응으어이 버이 니
Sao hôm nay đông người vậy nhỉ?

- 덜 붐비는 쪽으로 가주세요.
하이 디 덴 너이 응으어이 잍 돔 헌 아
Hãy đi đến nơi người ít đông hơn ạ.

## 12 러시아워  giờ cao điểm
[지어 까오 디엠]

· 지금이 러시아워인가요?

버이 지어 라 지어 까오 디엠 아
Bây giờ là giờ cao điểm ạ?

· 일찍 움직이면 러시아워를 피할 수 있나요?

네우 디 썸 티 꺼 테 짜잉 지어 까오 디엠 콤 아
Nếu đi sớm thì có thể tránh giờ cao điểm không ạ?

 거리

## 13 어디에 있나요? (ở) đâu ạ?
[(어) 더우 아]

· 이곳은 어디에 있나요?

더이 라 더우 아
Đây là đâu ạ?

· 이 레스토랑은 어디에 있나요?

냐 항 나이 어 더우 아
Nhà hàng này ở đâu ạ?

· 이 백화점은 어디에 있나요?

쭘 떰 트엉 마이 나이 어 더우 아
Trung tâm thương mại này ở đâu ạ?

· 이 박물관은 어디에 있나요? 바오 땅 나이 어 더우 아
Bảo tàng này ở đâu ạ?

· 이 미술관은 어디에 있나요? 바오 땅 미 투얻 나이 어 더우 아
Bảo tàng mỹ thuật này ở đâu
ạ?

· 버스 정류장은 어디에
있나요?
벤 쌔 부읻 (짬 쌔 부읻) 어 더우 아
Bến xe buýt (Trạm xe buýt) ở
đâu ạ?

· 기차역은 어디에 있나요? 가 따우 호아 어 더우 아
Ga tàu hỏa ở đâu ạ?

## 14 어떻게 가나요?
**đi thế nào ạ?**
[디 테 나오 아]

· 여기에는 어떻게 가나요? 무온 덴 쪼 나이 티 파이 디
테 나오 아
Muốn đến chỗ này thì phải đi
thế nào ạ?

· 저기에는 어떻게 가나요?　무온 덴 쪼 더 티 파이 디 테 나오 아

Muốn đến chỗ đó thì phải đi thế nào ạ?

· 이 주소는 어떻게 가나요?　무온 덴 디어 찌 나이 티 파이 디 테 나오 아

Muốn đến địa chỉ này thì phải đi thế nào ạ?

거리

· 이 건물은 어떻게 가나요?　무온 덴 또아 냐 나이 티 파이 디 테 나오 아

Muốn đến tòa nhà này thì phải đi thế nào ạ?

· 이 레스토랑은 어떻게 가나요?　무온 덴 냐 항 나이 티 파이 디 테 나오 아

Muốn đến nhà hàng này thì phải đi thế nào ạ?

· 이 박물관은 어떻게 가나요?　무온 덴 바오 땅 나이 티 파이 디 테 나오 아

Muốn đến bảo tàng này thì phải đi thế nào ạ?

· 버스 정류장은 어떻게
  가나요?

무온 덴 짬 쌔 부잍 티 파이 디
테 나오 아
Muốn đến trạm xe buýt thì phải
đi thế nào ạ?

· 기차역은 어떻게 가나요?

무온 덴 가 따우 호아 티 파이
디 테 나오 아
Muốn đến ga tàu hỏa thì phải đi
thế nào ạ?

## 15 얼마나 걸리나요? ◯? **mất bao lâu ạ?**
[멀 바오 러우 아]

· 여기에서 얼마나 걸리나요?

까익 더이 바오 러우 아
Cách đây bao lâu ạ?

· 걸어서 얼마나 걸리나요?

디 보 멀 바오 러우 아
Đi bộ mất bao lâu ạ?

· 택시로 얼마나 걸리나요?

디 딱 씨 멀 바오 러우 아
Đi tắc xi mất bao lâu ạ?

· 오토바이로 얼마나 걸리나요?

디 쌔 마이 먿 바오 러우 아
Đi xe máy mất bao lâu ạ?

## 16 고맙습니다 ☺

**cảm ơn**
[깜 언]

거리

· 정말 고맙습니다.

깜 언 니에우 아
Cảm ơn nhiều ạ.

· 도와주셔서 고맙습니다.

깜 언 비 다 지웁 더 또이 아
Cảm ơn vì đã giúp đỡ tôi ạ.

· 당신 덕분이에요.

녀 아잉/찌 토이 아
Nhờ anh/chị thôi ạ.

# 빨리찾아

택시
&
기차

# 택시&기차에서

## 01 OO으로 가주세요 🍙

### cho tôi đến
[쩌 또이 덴]

· 여기로 가주세요.
쩌 또이 덴 쪼 나이 아
Cho tôi đến chỗ này ạ.

· 이 호텔로 가주세요.
쩌 또이 덴 카익 싼 나이 아
Cho tôi đến khách sạn này ạ.

· 이 박물관으로 가주세요.
쩌 또이 덴 바오 땅 나이 아
Cho tôi đến bảo tàng này ạ.

· 이 식당으로 가주세요.
쩌 또이 덴 냐 항 나이 아
Cho tôi đến nhà hàng này ạ.

· 이 공원으로 가주세요.
쩌 또이 덴 꼼 비엔 나이 아
Cho tôi đến công viên này ạ.

· 시내로 가주세요.
쩌 또이 덴 쭘 떰 타잉 포 아
Cho tôi đến trung tâm
thành phố ạ.

· 공항으로 가주세요.

쩌 또이 덴 썬 바이 아
Cho tôi đến sân bay ạ.

## 02 얼마나 걸리나요?  mất bao lâu ạ?
[먿 바오 러우 아]

택시
&
기차

· 여기에서 거기까지 얼마나 걸리나요?

디 뜨 더이 덴 더 먿 바오 러우 아
Đi từ đây đến đó mất bao lâu ạ?

· 거기까지 가는데 오래 걸리나요?

덴 더 먿 니에우 터이 지안 콤 아
Đến đó mất nhiều thời gian không ạ?

· 거기까지 가는데 막히나요?

덴 더 꺼 비 딱 드엉 콤 아
Đến đó có bị tắc đường không ạ?

호텔 100p       식당 118p       관광 134p       쇼핑 152p       귀국 168p

69

## 03 요금

## cước phí
[끄억 피]

· 기본요금은 얼마인가요?

끄억 피 꺼 반 라 바오 니에우 아
Cước phí cơ bản là bao nhiêu
ạ?

· 요금은 얼마인가요?

끄억 피 바오 니에우 아
Cước phí bao nhiêu ạ?

· 요금을 얼마 드려야 하나요?

또이 파이 짜 끄억 피 바오 니에우
아
Tôi phải trả cước phí bao nhiêu
ạ?

· 요금이 너무 비싸요!

끄억 피 닫 꾸아 아
Cước phí đắt quá ạ!

· 거리로 요금을 받나요?

꺼 띵 끄억 피 태오 끼 로 맽 콤 아
Có tính cước phí theo ki lô mét
không ạ?

· 미터당 요금은 얼마인가요?

끄억 피 꾸어 몯 맫 라
바오 니에우 아
Cước phí của một mét là bao nhiêu ạ?

## 04 (차) 트렁크  cốp xe

[꼽 쌔]



· (차) 트렁크를 열어주세요.

아잉/찌 머 지웁 또이 꼽 쌔 버이 아
Anh/Chị mở giúp tôi cốp xe với ạ.

· (차) 트렁크가 안 열려요.

꼽 쌔 콤 머 드억 아
Cốp xe không mở được ạ.

· (차) 트렁크에 이것 넣는 것을 도와주세요.

아잉/찌 하이 껃 까이 나이 바오
꼽 쌔 지웁 또이 냬
Anh/Chị hãy cất cái này vào cốp xe giúp tôi nhé.

· (차) 트렁크에서 물건 내리
는 것을 도와주세요.

씬 하이 지웁 또이 러이 도 뜨
꼽 쌔 쑤옹 아

Xin hãy giúp tôi lấy đồ từ
cốp xe xuống ạ.


## 05 빨리 가다 ∘캉씬

**đi nhanh**
[디 냐잉]

---

· 빨리 좀 가주실 수 있나요?

아잉/찌 꺼 테 디 냐잉 헌 드억
콤 아

Anh/Chị có thể đi nhanh hơn
được không ạ?

· 조금만 더 빨리 가주세요.

아잉/찌 디 냐잉 몯 쭏 드억 콤 아

Anh/Chị đi nhanh một chút
được không ạ?

· 빨리 가야 해요.

또이 파이 디 냐잉 아

Tôi phải đi nhanh ạ.

---

## 06 세우다  dừng lại
[증 라이]

· 여기에서 세워주세요.
아잉/찌 하이 증 라이 어 더이 지웁 또이 아
Anh/Chị hãy dừng lại ở đây giúp tôi ạ.

· 횡단보도에서 세워주세요.
아잉/찌 하이 증 쌔 어 바익 쌍 드엉 지웁 또이 아
Anh/Chị hãy dừng xe ở vạch sang đường giúp tôi ạ.

택시
&
기차

· 저 모퉁이 돌아서 세워주세요.
꾸아이 라이 쪼 재 끼어 조이 하이 증 쌔 라이 지웁 또이 아
Quay lại chỗ rẽ kia rồi hãy dừng xe lại giúp tôi ạ.

· 여기에서 잠깐만 세워주세요.
아잉/찌 증 어 더이 몯 랃 내
Anh/Chị dừng ở đây một lát nhé.

· 호텔 입구에서 세워주세요.

씬 하이 증 쯔억 끄어 카익 싼 지웁
또이 아
Xin hãy dừng trước cửa
khách sạn giúp tôi ạ.

## 07 OO에 있어요 ⊙

**Tôi đang ở**
[또이 당 어]

· 저는 시원 호텔에 있어요.

또이 당 어 카익 싼 시원 아
Tôi đang ở khách sạn Siwon ạ.

· 저는 커피숍 앞에 있어요.

또이 당 어 쯔억 꾸안 까 페 아
Tôi đang ở trước quán cà phê
ạ.

· 저는 한국 식당 앞에 있어요.

또이 당 어 쯔억 냐 항 한 꾸옥 아
Tôi đang ở trước nhà hàng
Hàn Quốc ạ.

## 08 이 길

**đường này**
[드엉 나이]

· 이 길로 가주세요.
람 언 디 드엉 나이 아
Làm ơn đi đường này ạ.

· 이 길이 아닌 것 같아요.
힝 니으 콤 파이 드엉 나이 아
Hình như không phải đường
này ạ.

· 이 길이 지름길인가요?
드엉 나이 라 드엉 딷 파이 콤 아
Đường này là đường tắt phải
không ạ?

택시
&
기차

## 09 목적지

**điểm đến**
[디엠 덴]

· 목적지를 바꿔도 될까요?
또이 꺼 테 타이 도이 디엠 덴 콤
아
Tôi có thể thay đổi điểm đến
không ạ?

· 목적지까지는 아직 멀었나요?

디엠 덴 번 껀 싸 파이 콤 아
Điểm đến vẫn còn xa phải không ạ?

· 목적지 근처에 오면 말씀해 주세요.

키 건 덴 티 아잉/찌 하이 바오 또이 내
Khi gần đến thì anh/chị hãy bảo tôi nhé.

## 10 도착하다  đến
[덴]

· 거의 도착했나요?

쭘 따 건 덴 너이 쯔어 아
Chúng ta gần đến nơi chưa ạ?

· 저는 도착했어요.

또이 다 덴 조이 아
Tôi đã đến rồi ạ.

# đặt
[닫]

· 인터넷으로 예매했어요.

또이 다 닫 배 쯕 뚜이엔 조이 아
Tôi đã đặt vé trực tuyến rồi ạ.

· 예매를 아직 안 했어요.

또이 번 쯔어 닫 배 쯔억 아
Tôi vẫn chưa đặt vé trước ạ.

· 어디에서 예매해야 하나요?

또이 파이 닫 배 어 더우 아
Tôi phải đặt vé ở đâu ạ?

· 예매 사이트 좀 알려주세요.

람 언 쩌 또이 비엗 짱 웹 닫 배 아
Làm ơn cho tôi biết trang Web
đặt vé ạ.

· 몇 시 표를 예약하고
싶으세요?

아잉/찌 무온 닫 배 룹 머이 지어
아
Anh/Chị muốn đặt vé lúc mấy
giờ ạ?

택시
&
기차

## 12 좌석 chỗ ngồi
[쯔 응오이]

· 침대칸을 원하세요?
  좌석 칸을 원하세요?

아잉/찌 무온 쩐 로아이 지으엉
하이 게 응오이 아
Anh/Chị muốn chọn loại giường
hay ghế ngồi ạ?

· 딱딱한 좌석으로 주세요.

쩌 또이 배 게 꿍 아
Cho tôi vé ghế cứng ạ.

· 부드러운 좌석으로 주세요.

쩌 또이 배 게 멤 아
Cho tôi vé ghế mềm ạ.

· 좌석번호가 몇 인가요?

쏘 게 응오이 라 바오 니에우 버이
아
Số ghế ngồi là bao nhiêu vậy
ạ?

# 13 침대

## giường
[지으엉]

· 푹신한 침대칸으로 주세요.
쩌 또이 배 지으엉 멤 아
Cho tôi vé giường mềm ạ.

· 딱딱한 침대칸으로 주세요.
쩌 또이 배 지으엉 끙 아
Cho tôi vé giường cứng ạ.

· 4인실 침대칸으로 주세요.
쩌 배 지으엉 남 코앙 본 응으어이 아
Cho vé giường nằm khoang 4 người ạ.

· 6인실 침대칸으로 주세요.
쩌 배 지으엉 남 코앙 싸우 응으어이 아
Cho vé giường nằm khoang 6 người ạ.

· 어떤 침대를 원하나요?
아잉/찌 무온 로아이 지으엉 나오 아
Anh/Chị muốn loại giường nào ạ?

**79**

· 1층 침대로 주세요.

쩌 또이 지으엉 떵 몯 아
Cho tôi giường tầng một ạ.

· 2층 침대로 주세요.

쩌 또이 지으엉 떵 하이 아
Cho tôi giường tầng hai ạ.

· 3층 침대로 주세요.

쩌 또이 지으엉 떵 바 아
Cho tôi giường tầng ba ạ.

## 14 표 가격

### giá vé
[지아 배]

· 표 가격은 얼마인가요?

지아 배 바오 니에우 아
Giá vé bao nhiêu ạ?

· 딱딱한 좌석은요?

지아 게 끙 티 싸오 아
Giá ghế cứng thì sao ạ?

· 부드러운 좌석 칸은
얼마인가요?

게 멤 지아 바오 니에우 버이 아
Ghế mềm giá bao nhiêu vậy ạ?

· 부드러운 침대칸은
  얼마인가요?

지아 배 쩌 지으엉 멤 라
바오 니에우 버이 아
Giá vé cho giường mềm là bao
nhiêu vậy ạ?

· 딱딱한 침대칸은 얼마
  인가요?

지아 배 쩌 지으엉 끙 라
바오 니에우 버이 아
Giá vé cho giường cứng là bao
nhiêu vậy ạ?

## 15 편도 →

# một chiều
[몯 찌에우]

· 편도로 두 장 주세요.

쩌 또이 하이 배 몯 찌에우 아
Cho tôi 2 vé một chiều ạ.

· 이것이 편도 표 맞나요?

더이 꺼 파이 라 배 몯 찌에우 콤
버이 아
Đây có phải là vé một chiều
không vậy ạ?

· 이것은 편도 표가 아니에요.

더이 콤 파이 라 배 몯 찌에우 아
Đây không phải là vé một chiều
ạ.

## 16 왕복  khứ hồi
[크 호이]

· 왕복으로 한 장 주세요.
쩌 또이 몯 배 크 호이 내
Cho tôi một vé khứ hồi nhé.

· 이것이 왕복표가 맞아요?
더이 둠 라 배 크 호이 쯔 아
Đây đúng là vé khứ hồi chứ ạ?

· 이것은 왕복표가 아니에요.
더이 콤 파이 라 배 크 호이 아
Đây không phải là vé khứ hồi ạ.

· 왕복표로 바꿀 수 있나요?
또이 꺼 테 도이 배 나이 쌍 배 크 호이 콤 아
Tôi có thể đổi vé này sang vé khứ hồi không ạ?

택시 & 기차

# 빨리찾아

렌트 & 투어

# 차량 렌트&투어 예약하기

## 01 여권 🌐　　　hộ chiếu
　　　　　　　　　[호 찌에우]

---

· 여권을 보여주세요.　　　씬 쩌 또이 쌤 호 찌에우 아
　　　　　　　　　　　　Xin cho tôi xem hộ chiếu ạ.

· 여권을 맡겨주세요.　　　아잉/찌 부이 럼 데 라이 호 찌에우
　　　　　　　　　　　　아
　　　　　　　　　　　　Anh/Chị vui lòng để lại hộ chiếu
　　　　　　　　　　　　ạ.

· 여권을 숙소에 두고 왔어요.　또이 데 호 찌에우 어 카익 싼 조이
　　　　　　　　　　　　아
　　　　　　　　　　　　Tôi để hộ chiếu ở khách sạn rồi
　　　　　　　　　　　　ạ.

· 여권이 필요한가요?　　　꺼 껀 호 찌에우 콤 아
　　　　　　　　　　　　Có cần hộ chiếu không ạ?

## 02 렌트하다  thuê
[투에]

· 오토바이를 빌리고 싶어요.
또이 무온 투에 쌔 마이 아
Tôi muốn thuê xe máy ạ.

· 자동차를 빌리고 싶어요.
또이 무온 투에 쌔 오 또 아
Tôi muốn thuê xe ô tô ạ.

· 전기 자전거를 빌리고 싶어요.
또이 무온 투에 쌔 답 디엔 아
Tôi muốn thuê xe đạp điện ạ.

· 어디에서 오토바이를 빌릴 수 있나요?
또이 꺼 테 투에 쌔 마이 어 더우 아
Tôi có thể thuê xe máy ở đâu ạ?

· 차를 렌트하는 곳은 어디인가요?
쪼 투에 쌔 오 또 어 더우 아
Chỗ thuê xe ô tô ở đâu ạ?

렌트 & 투어

## 03 운전면허증 🪪 **bằng lái xe**
[방 라이 쌔]

· 운전면허증을 보여주세요.
씬 쩌 또이 쌤 방 라이 쌔 아
Xin cho tôi xem bằng lái xe ạ.

· 운전면허증을 맡겨주세요.
아잉/찌 부이 럼 데 라이 방
라이 쌔 아
Anh/Chị vui lòng để lại bằng lái
xe ạ.

· 운전면허증 가지고 있나요?
아잉/찌 꺼 방 라이 쌔 콤 아
Anh/Chị có bằng lái xe không
ạ?

· 국제면허증이 필요한가요?
꺼 껀 방 라이 쌔 꾸옥 떼 콤 아
Có cần bằng lái xe quốc tế
không ạ?

## 04 렌트 비용  giá thuê
[지아 투에]

---

· 하루 빌리는데 얼마인가요?

투에 몯 응아이 티 지아
바오 니에우 아
Thuê một ngày thì giá
bao nhiêu ạ?

· 3일 빌리는데 얼마인가요?

투에 바 응아이 티 지아
바오 니에우 아
Thuê ba ngày thì giá bao nhiêu
ạ?

· 일주일 빌리는데 얼마
인가요?

투에 몯 뚜언 티 지아 바오 니에우
아
Thuê một tuần thì giá bao nhiêu
ạ?

렌트
&
투어

## 05 보증금

### tiền đặt cọc
[띠엔 닫 껍]

---

· 보증금을 내야 하나요?

또이 파이 짜 띠엔 닫 껍 아
Tôi phải trả tiền đặt cọc ạ?

· 보증금은 얼마인가요?

띠엔 닫 껍 라 바오 니에우 아
Tiền đặt cọc là bao nhiêu ạ?


## 06 종류

### loại
[로아이]

---

· 어떤 종류의 오토바이를
빌리기 원하세요?

아잉/찌 무온 투에 쌔 마이 로아이
나오 아
Anh/Chị muốn thuê xe máy loại
nào ạ?

· 어떤 종류의 차를 빌리기
원하세요?

아잉/찌 무온 투에 쌔 오 또
로아이 나오 아
Anh/Chị muốn thuê xe ô tô loại
nào ạ?

- 저는 기어가 있는 오토바이를 빌리고 싶어요.

또이 무온 투에 쌔 쏘 아

Tôi muốn thuê xe số ạ.

- 당신이 추천해주세요.

아잉/찌 하이 지어이 티에우 쩌 또이 냬

Anh/Chị hãy giới thiệu cho tôi nhé.

## 07 ~하는 법을 알려주세요

### chỉ tôi cách
[찌 또이 까익]

- 시동 거는 법을 알려주세요.

씬 하이 찌 또이 까익 커이 돔 아

Xin hãy chỉ tôi cách khởi động ạ.

- 의자 여는 법을 알려주세요.

씬 하이 찌 또이 까익 머 꼽 쌔 마이 아

Xin hãy chỉ tôi cách mở cốp xe máy ạ.

- 라이트 켜는 법을 알려주세요.

씬 하이 찌 또이 까익 벋 댄 아

Xin hãy chỉ tôi cách bật đèn ạ.

· 깜빡이 켜는 법을 알려 주세요.

씬 하이 찌 또이 까익 벋 댄 씨 냔 아

Xin hãy chỉ tôi cách bật đèn xi nhan ạ.

## 08 4인승 차 xe ô tô 4 chỗ
[쌔 오 또 본 쪼]

· 4인승 차로 빌리고 싶어요.

또이 무온 투에 쌔 오 또 본 쪼 아

Tôi muốn thuê xe ô tô 4 chỗ ạ.

· 7인승 차로 빌리고 싶어요.

또이 무온 투에 쌔 오 또 바이 쪼 아

Tôi muốn thuê xe ô tô 7 chỗ ạ.

· 16인승 차로 빌리고 싶어요.

또이 무온 투에 쌔 오 또 므어이 싸우 쪼 아

Tôi muốn thuê xe ô tô 16 chỗ ạ.

· 기사가 있는 차로 렌트하실 건가요?

아잉/찌 꺼 무온 투에 쌔 꺼 따이 쎄 콤 아

Anh/Chị có muốn thuê xe có tài xế không ạ?

# bao lâu
[바오 러우]

· 얼마나 오래 빌리실 거예요?

아잉/찌 딩 투에 쌔 바오 러우 아
Anh/Chị định thuê xe bao lâu
ạ?

· 며칠 빌리실 거예요?

아잉/찌 딩 투에 쌔 머이 응아이
아
Anh/Chị định thuê xe mấy ngày
ạ?

· 저는 일주일 빌리고 싶어요.

또이 무온 투에 쌔 쩜 몯 뚜언 아
Tôi muốn thuê xe trong một
tuần ạ.

· 저는 장기 렌트를 하고
싶어요.

또이 무온 투에 쌔 자이 응아이 아
Tôi muốn thuê xe dài ngày ạ.

## 10 차 반납

### trả xe
[짜 쌔]

· 차 반납은 언제까지 해야
하나요?

키 나오 또이 파이 짜 쌔 아
Khi nào tôi phải trả xe ạ?

· 차 반납은 어디로 해야
하나요?

또이 파이 짜 쌔 어 더우 아
Tôi phải trả xe ở đâu ạ?

· 하루 늦게 반납해도 되나요?

또이 짜 쌔 무온 몯 응아이 꺼 드억
콤 아
Tôi trả xe muộn 1 ngày có được
không ạ?


## 11 투어를
예약하다

### đặt tour
[닫 뚜어]

· 저는 하롱베이 투어를 예약
하고 싶어요.

또이 무온 닫 뚜어 주 릭 빈 하 럼
아
Tôi muốn đặt tour du lịch
Vịnh Hạ Long ạ.

· 무이네 사막 투어를
  예약하고 싶어요.

또이 무온 닫 뚜어 도이 깟 짱
무이 내 아
Tôi muốn đặt tour
Đồi Cát Trắng Mũi Né ạ.

· 냐짱 호핑 투어를 예약하고
  싶어요.

또이 딩 닫 뚜어 호삥 냐 짱 아
Tôi định đặt tour Hopping
Nha Trang ạ.

· 투어 예약은 어디에서
  하나요?

또이 꺼 테 닫 뚜어 주 릭 어 더우
아
Tôi có thể đặt tour du lịch ở đâu
ạ?

렌트
&
투어

· 저는 인터넷으로 투어를
  예약했어요.

또이 다 닫 뚜어 주 릭 쩬 망 조이
아
Tôi đã đặt tour du lịch trên
mạng rồi ạ.

## 12 포함하다  **bao gồm**
[바오 곰]

· 투어에는 무엇이 포함되어
  있나요?

뚜어 바오 곰 니응 지 아
Tour bao gồm những gì ạ?

· 투어에는 식사가 포함되어
  있나요?

뚜어 꺼 바오 곰 브어 안 콤 아
Tour có bao gồm bữa ăn không
ạ?

## 13 일정 **lịch trình**
[릭 찡]

· 투어 일정은 어떻게
  되나요?

릭 찡 뚜어 테 나오 아
Lịch trình tour thế nào ạ?

· 투어 일정을 선택할 수
  있나요?

또이 꺼 테 쩐 릭 찡 뚜어 콤 아
Tôi có thể chọn lịch trình tour
không ạ?

· 투어에 어떤 프로그램이
  있나요?

꺼 니응 쯔엉 찡 나오 쩜 뚜어 아
Có những chương trình nào
trong tour ạ?

## 14 투어 비용

### giá tour
[지아 뚜어]

---

· 투어 비용은 어떻게
  되나요?

지아 뚜어 바오 니에우 아
Giá tour bao nhiêu ạ?

· 어린이 투어 비용은 어떻게
  되나요?

지아 뚜어 쩌 째 앰 티 싸오 아
Giá tour cho trẻ em thì sao ạ?

· 총 비용은 얼마인가요?

똠 꼼 라 바오 니에우 아
Tổng cộng là bao nhiêu ạ?

렌트
&
투어

## 15 가이드 hướng dẫn viên
[흐엉 전 비엔]

· 영어가 가능한 가이드가
있나요?

꺼 흐엉 전 비엔 띠엥 아잉 콤 아
Có hướng dẫn viên tiếng Anh
không ạ?

· 한국어가 가능한 가이드가
있나요?

꺼 흐엉 전 비엔 띠엥 한 콤 아
Có hướng dẫn viên tiếng Hàn
không ạ?

## 16 출발 xuất phát
[쑤얻 팓]

· 어디에서 출발하나요?

쑤얻 팓 뜨 더우 아
Xuất phát từ đâu ạ?

· 출발은 몇 시인가요?

쑤얻 팓 룹 머이 지어 아
Xuất phát lúc mấy giờ ạ?

· 어디에서 모여야 하나요?

떱 쭘 어 더우 아
Tập trung ở đâu ạ?

· 호텔 픽업 서비스가 있나요?　꺼 직 부 던 카익 따이 카익 싼 콤 아

Có dịch vụ đón khách tại khách sạn không ạ?

· 픽업 시간은 몇 시인가요?　터이 지안 던 카익 라 머이 지어 아

Thời gian đón khách là mấy giờ ạ?

렌트 & 투어

# 빨리찾아

호텔

# 호텔에서

## 01 예약

### đặt phòng
[닫 펌]

· 예약했어요.

또이 다 닫 펌 조이 아
Tôi đã đặt phòng rồi ạ.

· 예약을 안 했어요.

또이 쯔어 닫 펌 아
Tôi chưa đặt phòng ạ.

· 이 사이트로 예약했어요.

또이 다 닫 펌 꾸아 짱 웹 나이 아
Tôi đã đặt phòng qua trang web
này ạ.

· 제 이름 이수진으로
예약했어요.

또이 다 닫 펌 버이 뗀 또이 이수진
아
Tôi đã đặt phòng với tên tôi
Lee Soo Jin ạ.

## 02 체크인       **nhận phòng**
[년 펌]

- 체크인할게요.

또이 쌔 년 펌 아
Tôi sẽ nhận phòng ạ.

- 체크인은 몇 시에 하나요?

머이 지어 꺼 테 년 펌 아
Mấy giờ có thể nhận phòng ạ?

- 체크인하기 전에 짐을
맡아 주세요.

씬 지으 하잉 리 지웁 또이 쯔억 키
년 펌 아
Xin giữ hành lý giúp tôi trước
khi nhận phòng ạ.

호텔

## 03 조식       **ăn sáng / bữa sáng**
[안 쌍/브어 쌍]

- 몇 시부터 조식을 먹을 수
있나요?

또이 꺼 테 안 쌍 뜨 룹 머이 지어
아
Tôi có thể ăn sáng từ lúc mấy
giờ ạ?

· 조식은 몇 시까지 하나요?
브어 쌍 품 부 덴 머이 지어 아
Bữa sáng phục vụ đến mấy giờ ạ?

· 조식은 어디에서 먹나요?
또이 꺼 테 안 쌍 어 더우 아
Tôi có thể ăn sáng ở đâu ạ?

· 조식으로 무엇이 나오나요?
브어 쌍 꺼 니응 먼 지 아
Bữa sáng có những món gì ạ?

· 조식을 포함하면 얼마인가요?
네우 바오 곰 안 쌍 티 바오 니에우 아
Nếu bao gồm ăn sáng thì bao nhiêu ạ?

## 04 방 키 🔑

**chìa khóa phòng**
[찌어 코아 펌]

· 방 키를 하나 더 주세요.
쩌 또이 씬 템 몯 까이 찌어 코아 펌 아
Cho tôi xin thêm một cái chìa khóa phòng ạ.

· 방 키가 없어졌어요.

또이 비 멋 지어 코아 펌 조이 아

Tôi bị mất chìa khóa phòng rồi ạ.

· 키를 방에 두고 왔어요.

또이 다 데 꾸엔 찌어 코아 쩜 펌 조이 아

Tôi đã để quên chìa khóa trong phòng rồi ạ.

· 방 키가 안 돼요.

찌어 코아 펌 나이 콤 드억 아

Chìa khóa phòng này không được ạ.

· 방 키는 어떻게 꽂나요?

또이 파이 깜 찌어 코아 테 나오 아

Tôi phải cắm chìa khóa thế nào ạ?

· 방 키를 좀 맡아주세요.

씬 지으 지웁 또이 찌어 코아 펌 아

Xin giữ giúp tôi chìa khóa phòng ạ.

호텔

## 05 몇 층 ♟

# tầng mấy
[떵 머이]

· 수영장은 몇 층에 있나요?  베 버이 어 떵 머이 아
　　　　　　　　　　　　Bể bơi ở tầng mấy ạ?

· 헬스장은 몇 층에 있나요?  펌 짐 어 떵 머이 아
　　　　　　　　　　　　Phòng gym ở tầng mấy ạ?

· 스파숍은 몇 층에 있나요?  스빠 어 떵 머이 아
　　　　　　　　　　　　Spa ở tầng mấy ạ?

· 1층에 있어요.  어 떵 몯 아
　　　　　　　　Ở tầng một ạ.

# hành lý
[하잉 리]

· 짐을 맡길 수 있나요?

또이 꺼 테 그이 하잉 리 콤 아
Tôi có thể gửi hành lý không ạ?

· 짐을 올려 주실 수 있나요?

아잉/찌 꺼 테 싸익 하잉 리 렌 펌
지웁 또이 드억 콤 아
Anh/Chị có thể xách hành lý lên
phòng giúp tôi được không ạ?

· 이것은 제 짐이 아니에요.

까이 나이 콤 파이 라 하잉 리 꾸어
또이 아
Cái này không phải là hành lý
của tôi ạ.

· 제 짐이 없어졌어요.

하잉 리 꾸어 또이 비 텃 락 조이
아
Hành lý của tôi bị thất lạc rồi ạ.

· 제 짐을 찾아주세요.

씬 하이 띰 하잉 리 지웁 또이
Xin hãy tìm hành lý giúp tôi.

호텔

## 07 수건 🗇

### khăn (tắm)
[칸 (땀)]

---

· 수건을 더 주세요.
쩌 또이 씬 템 까이 칸 아
Cho tôi xin thêm cái khăn ạ.

· 수건이 없어요.
펌 또이 콤 꺼 칸 아
Phòng tôi không có khăn ạ.

· 수건이 더러워요.
까이 칸 나이 번 꾸아 아
Cái khăn này bẩn quá ạ.

· 깨끗한 수건으로 주세요.
쩌 또이 씬 까이 칸 싸익 아
Cho tôi xin cái khăn sạch ạ.

## 08 물 🥤

### nước
[느억]

---

· 물이 안 나와요.
펌 또이 콤 꺼 느억 아
Phòng tôi không có nước ạ.

---

· 뜨거운 물만 나와요.

냐 땀 펌 또이 찌 꺼 느억 넘 토이 아

Nhà tắm phòng tôi chỉ có nước nóng thôi ạ.

· 차가운 물만 나와요.

냐 땀 펌 또이 찌 꺼 느억 라잉 토이 아

Nhà tắm phòng tôi chỉ có nước lạnh thôi ạ.

· 물 온도 조절이 안 돼요.

펌 또이 콤 디에우 찡 니엗 도 느억 드억 아

Phòng tôi không điều chỉnh nhiệt độ nước được ạ.

· 샤워기에서 물이 안 나와요.

버이 호아 쎈 콤 자 느억 아

Vòi hoa sen không ra nước ạ.

· 변기 물이 안 내려가요.

느억 쩜 본 꺼우 콤 토앋 드억 아

Nước trong bồn cầu không thoát được ạ.

호텔

## 09 인터넷 📶

## Internet
[인떠넷]

· 인터넷이 안 돼요.
콤 껜 노이 인떠넷 드억 아
Không kết nối Internet được ạ.

· 인터넷을 할 수 있는 곳은 어디인가요?
쪼 나오 꺼 테 쓰 중 드억 인떠넷 아
Chỗ nào có thể sử dụng được Internet ạ?

· 와이파이가 안 터져요.
와이파이 콤 쭈이 껍 드억 아
Wifi không truy cập được ạ.

· 컴퓨터를 쓸 수 있는 곳은 어디인가요?
쪼 나오 꺼 테 쓰 중 마이 띵 아
Chỗ nào có thể sử dụng máy tính ạ?

## 10 텔레비전 📺

**tivi**
[띠비]

· 텔레비전이 안 나와요.      띠비 콤 렌 힝 아
Tivi không lên hình ạ.

· 리모컨이 안 돼요.      디에우 키엔 콤 호앋 돔 아
Điều khiển không hoạt động ạ.

· 음량조절을 어떻게 하나요?    디에우 찡 엄 타잉 니으 테 나오 아
Điều chỉnh âm thanh như
thế nào ạ?

· 채널을 어떻게 바꾸나요?    도이 케잉 니으 테 나오 아
Đổi kênh như thế nào ạ?

호텔

## 11 청소   **dọn dẹp**
[전 잽]

· 청소를 해주세요.

아잉/찌 하이 전 잽 펌 지웁 또이
아
Anh/Chị hãy dọn dẹp phòng
giúp tôi ạ.

· 방 청소가 안 되어 있어요.

펌 쯔어 드억 전 잽 아
Phòng chưa được dọn dẹp ạ.

· 청소는 안 해주셔도 됩니다.

아잉/찌 콤 전 잽 지웁 또이 꿈
드억 아
Anh/Chị không dọn dẹp giúp tôi
cũng được ạ.

· 오후에 청소를 해주세요.

아잉/찌 하이 전 잽 펌 지웁 또이
바오 부오이 찌에우 아
Anh/Chị hãy dọn dẹp phòng
giúp tôi vào buổi chiều ạ.

· 화장실 청소가 안 되어
있어요.

냐 베 씽 쯔어 드억 전 잽 아
Nhà vệ sinh chưa được
dọn dẹp ạ.

· 쓰레기통이 안 비어
있어요.

툼 작 쯔어 드억 도 아
Thùng rác chưa được đổ ạ.

## 12 룸서비스  dịch vụ phòng
[직 부 펌]

· 룸서비스를 시킬게요.

또이 쌔 닫 깍 직 부 펌 아
Tôi sẽ đặt các dịch vụ phòng ạ.

· 룸서비스 메뉴를 보고
싶어요.

또이 무온 쌤 특 던 꾸어 직 부 펌
아
Tôi muốn xem thực đơn của
dịch vụ phòng ạ.

· 룸서비스로 아침을 가져다
주세요.

아잉/찌 하이 망 덴 쩌 또이 먼
안 쌍 꾸어 직 부 펌 아
Anh/Chị hãy mang đến cho tôi
món ăn sáng của dịch vụ phòng
ạ.

호텔

· 룸서비스로 레드 와인
한 병 가져다주세요.

아잉/찌 하이 망 덴 쩌 또이 몯
짜이 즈어우 방 더 아
Anh/Chị hãy mang đến cho tôi
1 chai rượu vang đỏ ạ.

## 13 세탁  giặt là
[지얃 라]

· 세탁 서비스를 신청할게요.

또이 무온 당 끼 직 부 지얃 라 아
Tôi muốn đăng ký dịch vụ
giặt là ạ.

· 세탁 서비스는 언제
오나요?

직 부 지얃 라 키 나오 덴 아
Dịch vụ giặt là khi nào đến ạ?

· 세탁물이 망가졌어요.

도 지얃 비 험 조이 아
Đồ giặt bị hỏng rồi ạ.

## 14 체크아웃

**trả phòng**
[짜 펌]

· 체크아웃할게요.

또이 쌔 짜 펌 아
Tôi sẽ trả phòng ạ.

· 체크아웃은 몇 시인가요?

머이 지어 짜 펌 아
Mấy giờ trả phòng ạ?

호텔

## 15 미니바 🗄

## quầy bar mini
[꾸어이 바 미니]

· 미니바는 이용 안 했어요.
또이 콤 줌 꾸어이 바 미니 아
Tôi không dùng quầy bar mini
ạ.

· 미니바에서 물만 마셨어요.
또이 찌 우옹 느억 어 미니 바 토이
아
Tôi chỉ uống nước ở mini bar
thôi ạ.

· 미니바에서 맥주만
마셨어요.
또이 찌 우옹 비어 어 미니 바 토이
아
Tôi chỉ uống bia ở mini bar thôi
ạ.

· 미니바 요금이 잘못됐어요.
찌 피 어 미니 바 띵 싸이 조이 아
Chi phí ở mini bar tính sai rồi ạ.

# 16 요금

**chi phí**
[찌 피]

· 이 요금은 무엇인가요?

찌 피 나이 라 지 아
Chí phí này là gì ạ?

· 요금이 더 나온 것 같아요.

찌 피 나이 힝 니으 니에우 헌 티
파이 아
Chi phí này hình như nhiều hơn
thì phải ạ.

· 요금 합계가 틀렸어요.

똥 찌 피 싸이 조이 아
Tổng chi phí sai rồi ạ.

호텔

# 빨리찾아

| 09 | 숟가락 | **muỗng / thìa**<br>[무옹/티어] |
| 10 | 음료 | **đồ uống**<br>[도 우옹] |
| 11 | 잔 | **cốc**<br>[꼽] |
| 12 | 얼음 | **đá**<br>[다] |
| 13 | 냅킨 | **giấy ăn**<br>[지어이 안] |
| 14 | 여기에서 먹을 거예요 | **Tôi sẽ ăn ở đây**<br>[또이 쌔 안 어 더이] |
| 15 | 포장 | **gói lại**<br>[거이 라이] |
| 16 | 계산서 | **hóa đơn**<br>[호아 던] |

식당

# 식당에서

## 01 예약

### đặt chỗ
[닫 쪼]

· 예약했어요.

또이 다 닫 쪼 조이 아
Tôi đã đặt chỗ rồi ạ.

· 예약을 안 했어요.

또이 쯔어 닫 쪼 아
Tôi chưa đặt chỗ ạ.

· 두 명으로 예약했어요.

또이 다 닫 쪼 쩌 하이 응으어이 아
Tôi đã đặt chỗ cho 2 người ạ.

· 이수진으로 예약했어요.

또이 다 닫 쪼 버이 뗀 이수진 아
Tôi đã đặt chỗ với tên
Lee Soo Jin ạ.

## 02 테이블

**bàn**
[반]

· 테이블을 닦아주세요.
람 언 전 반 지웁 또이 아
Làm ơn dọn bàn giúp tôi ạ.

· 테이블이 조금 흔들거려요.
반 나이 허이 비 룸 라이 아
Bàn này hơi bị lung lay ạ.

· 테이블이 너무 좁아요.
반 나이 쩓 꾸아 아
Bàn này chật quá ạ.

· 다른 자리로 바꿔주세요.
쩌 또이 쪼 칵 냬
Cho tôi chỗ khác nhé.

· 창가 자리로 주세요.
쩌 또이 쪼 까잉 끄어 쏘 아
Cho tôi chỗ cạnh cửa sổ ạ.

식당

## 03 주문

# gọi (món)
[거이 (반)]

---

· 주문할게요.

쩌 또이 거이 먼 아
Cho tôi gọi món ạ.

· 이거 주세요.

쩌 또이 까이 나이 아
Cho tôi cái này ạ.

· 주문했어요.

또이 다 거이 먼 조이 아
Tôi đã gọi món rồi ạ.

· 저는 주문한 지
오래됐어요.

또이 다 거이 먼 러우 조이 아
Tôi đã gọi món lâu rồi ạ.

· 잠시 후에 주문할게요.

몯 랃 느어 또이 쌔 거이 먼 아
Một lát nữa tôi sẽ gọi món ạ.

· 이것은 주문하지 않았어요.

또이 콤 거이 먼 나이 아
Tôi không gọi món này ạ.

## 04 메뉴

### thực đơn
[특 던]

· 메뉴판을 주세요.

쩌 또이 특 던 아
Cho tôi thực đơn ạ.

· 이 가게의 특선 메뉴는
무엇인가요?

특 던 닥 비엘 어 더이 라 지 아
Thực đơn đặc biệt ở đây là gì
ạ?

· 특선 메뉴가 있나요?

특 던 어 더이 꺼 먼 나오 닥 비엘
콤 아
Thực đơn ở đây có món nào
đặc biệt không ạ?

· 오늘의 메뉴는 무엇
인가요?

특 던 홈 나이 라 지 아
Thực đơn hôm nay là gì ạ?

식당

## 05 추천 👍

## giới thiệu
[지어이 티에우]

· 메뉴를 추천해 주세요.

하이 지어이 티에우 먼 지웁 또이
아
Hãy giới thiệu món giúp tôi ạ.

· 둘 중에 무엇을
추천하시나요?

쩜 하이 먼 안 나이 아잉/찌
지어이 티에우 먼 나오 아
Trong hai món ăn này,
anh/chị giới thiệu món nào ạ?

· 이것과 저것은 무엇이
다른가요?

까이 나이 버이 까이 끼어 칵 냐우
쪼 나오 아
Cái này với cái kia khác nhau
chỗ nào ạ?

## 06 고수 (향채)

### rau mùi(북) / rau ngò(남) [자우 무이/자우 응어]

· 고수를 넣지 마세요.

씬 등 쩌 자우 무이/자우 응어 내
Xin đừng cho rau mùi/rau ngò nhé.

· 저는 고수를 못 먹어요.

또이 콤 안 드억 자우 무이/
자우 응어 아
Tôi không ăn được rau mùi/
rau ngò ạ.

· 고수는 따로 주세요.

자우 무이/자우 응어 버 지엥 쩌
또이 내
Rau mùi/Rau ngò bỏ riêng cho tôi nhé.

식당

## 07 쌀국수

**phở**
[퍼]

---

· 닭고기 쌀국수로 주세요.
쩌 또이 퍼 가 아
Cho tôi phở gà ạ.

· 소고기 쌀국수로 주세요.
쩌 또이 퍼 버 아
Cho tôi phở bò ạ.

· 익힌 소고기 쌀국수로
주세요.
쩌 또이 퍼 버 찐 아
Cho tôi phở bò chín ạ.

· 덜 익힌 고기 쌀국수로
주세요.
쩌 또이 퍼 따이 아
Cho tôi phở tái ạ.

· 육수를 더 주세요.
하이 쩌 또이 템 느억 퍼 아
Hãy cho tôi thêm nước phở ạ.

· 곱빼기로 주세요.
쩌 또이 겁 도이 내
Cho tôi gấp đôi nhé.

## 08 젓가락 **đũa**
[두어]

- 젓가락을 떨어뜨렸어요.

또이 람 저이 두어 조이 아
Tôi làm rơi đũa rồi ạ.

- 젓가락에 뭐가 묻어
있어요.

꺼 까이 지 더 징 바오 두어 아
Có cái gì đó dính vào đũa ạ.

- 젓가락 한 쌍을 더 주세요.

아잉/찌 하이 쩌 또이 템 몯 도이
두어 느어 아
Anh/Chị hãy cho tôi thêm một
đôi đũa nữa ạ.

## 09 숟가락 **muỗng / thìa**
[무옹/티어]

식당

- 숟가락을 주세요.

쩌 또이 까이 무옹/티어 아
Cho tôi cái muỗng/thìa ạ.

- 숟가락을 떨어뜨렸어요.

또이 람 저이 무옹/티어 조이 아
Tôi làm rơi muỗng/thìa rồi ạ.

· 숟가락에 뭐가 묻어 있어요.

꺼 까이 지 더 징 바오 무옹/티어 아

Có cái gì đó dính vào muỗng/ thìa ạ.

· 숟가락을 하나 더 주세요.

쩌 또이 템 몯 까이 무옹/티어 아

Cho tôi thêm một cái muỗng/ thìa ạ.

## 10 음료

# đồ uống
[도 우옹]

· 음료는 어떤 것이 있나요?

꺼 도 우옹 지 아

Có đồ uống gì ạ?

· 생수 한 병을 주세요.

쩌 또이 몯 짜이 느억 쑤오이 아

Cho tôi một chai nước suối ạ.

· 탄산수 주세요.

쩌 또이 도 우옹 꺼 가 아

Cho tôi đồ uống có ga ạ.

· 오렌지 주스 주세요.

쩌 또이 느억 깜 아

Cho tôi nước cam ạ.

· 맥주 한 병 주세요.

쩌 또이 몯 짜이 비어 아
Cho tôi một chai bia ạ.

· 아이스티 한 잔 주세요.

쩌 또이 몯 꼽 짜 다 아
Cho tôi một cốc trà đá ạ.

· 버블 밀크티가 있나요?

꺼 짜 쓰어 쩐 쩌우 콤 아
Có trà sữa trân châu không ạ?

· 커피 주세요.

쩌 또이 까 페 아
Cho tôi cà phê ạ.

# 11 잔 ☕

## cốc
[꼽]

· 큰 잔에 주세요.

쩌 또이 꼽 런 아
Cho tôi cốc lớn ạ.

· 작은 잔에 주세요.

쩌 또이 꼽 녀 아
Cho tôi cốc nhỏ ạ.

· 테이크아웃 잔에 주세요.

쩌 또이 꼽 망 베 아
Cho tôi cốc mang về ạ.

식당

## 12 얼음

### đá
[다]

· 얼음을 많이 주세요.

쩌 또이 니에우 다 아
Cho tôi nhiều đá ạ.

· 얼음을 조금만 주세요.

쩌 또이 몯 쭏 다 토이 아
Cho tôi một chút đá thôi ạ.

· 얼음이 너무 많아요.

다 니에우 꾸아 아
Đá nhiều quá ạ.

· 얼음을 빼고 주세요.

콤 쩌 다 내
Không cho đá nhé.


## 13 냅킨

### giấy ăn
[지어이 안]

· 냅킨은 어디에 있나요?

지어이 안 어 더우 아
Giấy ăn ở đâu ạ?

· 냅킨을 주세요.

쩌 또이 씬 지어이 안 아
Cho tôi xin giấy ăn ạ.

· 냅킨을 더 주세요.

쩌 또이 템 지어이 안 아
Cho tôi thêm giấy ăn ạ.

· 냅킨이 없어요.

콤 꺼 지어이 안 아
Không có giấy ăn ạ.

· 냅킨을 많이 주세요.

쩌 또이 씬 니에우 지어이 안 아
Cho tôi xin nhiều giấy ăn ạ.

· 물티슈가 있나요?

꺼 칸 으얻 콤 아
Có khăn ướt không ạ?

· 물티슈를 주세요.

쩌 또이 씬 칸 으얻 아
Cho tôi xin khăn ướt ạ.


## 14 여기에서 먹을 거예요

### Tôi sẽ ăn ở đây.
[또이 쌔 안 어 더이]

식당

· 드시고 가세요, 가져가세요?

아잉/찌 줌 어 더이 하이 망 베 아
Anh/Chị dùng ở đây hay mang về ạ?

· 여기에서 먹을 거예요.

또이 쌔 안 어 더이 아
Tôi sẽ ăn ở đây ạ.

## 15 포장 🥡

**gói lại**
[거이 라이]

· 드시고 가세요, 포장
이에요?

아잉/찌 줌 어 더이 하이 거이 라이
아
Anh/Chị dùng ở đây hay gói lại
ạ?

· 포장이에요.

거이 라이 아
Gói lại ạ.

· 이 음식 포장되나요?

먼 나이 꺼 테 거이 라이 드억 콤
아
Món này có thể gói lại được
không ạ?

· 남은 것은 포장해주세요.

아잉/찌 하이 거이 펀 트어 나이
지웁 또이 아
Anh/Chị hãy gói phần thừa này
giúp tôi ạ.

· 포장 비용이 따로 있나요?　　꺼 띵 피 거이 라이 콤 아
　　　　　　　　　　　　　　Có tính phí gói lại không ạ?

## 16 계산서 📋　　　hoá đơn
　　　　　　　　　　　[호아 던]

---

· 계산할게요.　　　　　또이 쌔 타잉 또안 아
　　　　　　　　　　　Tôi sẽ thanh toán ạ.

· 계산서 주세요.　　　　쩌 또이 호아 던 아
　　　　　　　　　　　Cho tôi hoá đơn ạ.

· 계산서가 잘못됐어요.　호아 던 비 싸이 조이 아
　　　　　　　　　　　Hoá đơn bị sai rồi ạ.

· 이 메뉴는 안 시켰어요.　또이 콤 거이 먼 나이 아
　　　　　　　　　　　Tôi không gọi món này ạ.

· 세금이 포함된　　　　지아 나이 다 바오 곰 띠엔 투에
　가격인가요?　　　　　쯔어 아
　　　　　　　　　　　Giá này đã bao gồm tiền thuế
　　　　　　　　　　　chưa ạ?

식당

---

# 빨리찾아

관광

# 관광할 때

## 01 출발

**xuất phát**
[쑤얻 팓]

· 출발이 언제인가요?

키 나오 쑤얻 팓 아
Khi nào xuất phát ạ?

· 출발을 조금만 늦게 하면 안되나요?

쑤얻 팓 무온 몯 쭏 콤 드억 아
Xuất phát muộn một chút không được ạ?

· 출발 시간이 너무 빨라요.

터이 지안 쑤얻 팓 썸 꾸아 아
Thời gian xuất phát sớm quá ạ.

· 버스에 몇 시까지 돌아오면 되나요?

또이 껀 꾸아이 라이 쌔 부읻 룹 머이 지어 아
Tôi cần quay lại xe buýt lúc mấy giờ ạ?

기내 22p    공항 36p    거리 50p    택시&기차 66p    렌트&투어 84p

## 02 일정 ⏰🗓

## lịch trình
[릭 찡]

· 이 공연 일정을 좀
보여주세요.

쩌 또이 쌤 릭 찡 꾸어
부오이 비에우 지엔 나이 아
Cho tôi xem lịch trình của
buổi biểu diễn này ạ.

· 자세한 일정은 어떻게
되나요?

릭 찡 꾸 테 테 나오 아
Lịch trình cụ thể thế nào ạ?

· 이 스케줄이 맞나요?

릭 찡 나이 파이 콤 아
Lịch trình này phải không ạ?

관광

## 03 추천 👍

## giới thiệu
[지어이 티에우]

· 추천할만한 볼거리가
  있나요?

꺼 지 하이 데 지어이 티에우 콤 아
Có gì hay để giới thiệu không
ạ?

· 가장 추천하는 것은
  무엇인가요?

까이 지 드억 지어이 티에우
니에우 녇 아
Cái gì được giới thiệu nhiều
nhất ạ?

· 추천하지 않는 것은
  무엇인가요?

까이 쯔어 드억 지어이 티에우 라
까이 나오 아
Cái chưa được giới thiệu là cái
nào ạ?

· 추천하는 프로그램이
  있나요?

아잉/찌 꺼 쯔엉 찡 나오 데
지어이 티에우 콤 아
Anh/Chị có chương trình nào
để giới thiệu không ạ?

## 04 입장권   vé vào cửa
[배 바오 끄어]

| | |
|---|---|
| · 입장료는 얼마인가요? | 배 바오 끄어 바오 니에우 띠엔 아<br>Vé vào cửa bao nhiêu tiền ạ? |
| · 어린이 입장료는 얼마인가요? | 배 바오 끄어 쩌 째 앰 바오 니에우 띠엔 아<br>Vé vào cửa cho trẻ em bao nhiêu tiền ạ? |
| · 입장료만 사면 다 볼 수 있나요? | 또이 꺼 테 탐 꾸안 떧 까 방 배 바오 끄어 나이 파이 콤 아<br>Tôi có thể tham quan tất cả bằng vé vào cửa này phải không ạ? |
| · 입장권을 사야 들어갈 수 있나요? | 네우 무온 바오 더이 티 또이 파이 무어 배 바오 끄어 아<br>Nếu muốn vào đây thì tôi phải mua vé vào cửa ạ? |

관광

· 어른 두 장과 어린이 한 장 주세요.

람 언 쩌 하이 배 응으어이 런 바
몯 배 째 앰 아
Làm ơn cho hai vé người lớn
và một vé trẻ em ạ.

## 05 개장시간

### thời gian mở cửa
[터이 지안 머 끄어]

· 개장시간은 어떻게 되나요?

터이 지안 머 끄어 테 나오 아
Thời gian mở cửa thế nào ạ?

· 언제 여나요?

키 나오 머 끄어 아
Khi nào mở cửa ạ?

· 언제 닫나요?

키 나오 덤 끄어 아
Khi nào đóng cửa ạ?

· 몇 시까지 관광할 수 있나요?

또이 꺼 테 탐 꾸안 덴 머이 지어
아
Tôi có thể tham quan đến mấy
giờ ạ?

· 오늘 호찌민 박물관은
여나요?

홈 나이 바오 땅 호 찌 밍 꺼
머 끄어 콤 아
Hôm nay bảo tàng Hồ Chí Minh
có mở cửa không ạ?

## 06 금지

**cấm**
[껌]

· 진입 금지

껌 바오
Cấm vào.

· 사진 촬영 금지

껌 쭙 아잉
Cấm chụp ảnh.

· 비디오 촬영 금지

껌 꾸아이 핌
Cấm quay phim.

· 반려동물 출입 금지

껌 투 누오이
Cấm thú nuôi.

· 만지지 마세요.

등 짬 바오
Đừng chạm vào.

관광

# chụp ảnh
[쭙 아잉]

· 여기에서 사진 찍어도
되나요?

또이 꺼 테 쭙 아잉 어 더이 드억
콤 아
Tôi có thể chụp ảnh ở đây được
không ạ?

· 여기에서 사진 찍으면
안 돼요.

콤 드억 쭙 아잉 어 더이 아
Không được chụp ảnh ở đây ạ.

· 사진 한 장만 찍어
주실래요?

아잉/찌 쭙 지웁 또이 몯 떰 아잉
드억 콤 아
Anh/Chị chụp giúp tôi một tấm
ảnh được không ạ?

· 한 장만 더 찍어주세요.

쭙 템 몯 떰 느어 아
Chụp thêm một tấm nữa ạ.

· 제가 사진 찍어 드릴게요.

데 또이 쭙 아잉 쩌 아
Để tôi chụp ảnh cho ạ.

## 08 설명 📖

## giải thích
[지아이 틱]

· 이것을 설명해주세요.

아잉/찌 하이 지아이 틱 까이 나이 쩌 또이 내
Anh/Chị hãy giải thích cái này cho tôi nhé.

· 설명해주실 분이 있나요?

꺼 응으어이 지아이 틱 콤 아
Có người giải thích không ạ?

· 한국어로 된 설명서가 있나요?

꺼 반 지아이 틱 방 띠엥 한 콤 아
Có bản giải thích bằng tiếng Hàn không ạ?

· 한 번 더 설명해 주실 수 있나요?

아잉/찌 꺼 테 지아이 틱 템 몯 런 느어 콤 아
Anh/Chị có thể giải thích thêm một lần nữa không ạ?

관광

# hướng dẫn viên du lịch [흐엉 전 비엔 주 릭]

· 가이드가 필요해요.

또이 껀 흐엉 전 비엔 주 릭 아
Tôi cần hướng dẫn viên du lịch ạ.

· 여기에 한국인 가이드가 있나요?

어 더이 꺼 흐엉 전 비엔 응으어이 한 콤 아
Ở đây có hướng dẫn viên người Hàn không ạ?

· 한국인 통역사가 있나요?

꺼 톰 직 비엔 응으어이 한 콤 아
Có thông dịch viên người Hàn không ạ?

## 10 체험하다 🧗 **trải nghiệm**
[짜이 응이엠]

· 이것을 체험해볼 수
있나요?

또이 꺼 테 짜이 응이엠 까이 나이
드억 콤 아

Tôi có thể trải nghiệm cái này
được không ạ?

· 도자기 만들기 체험을
해볼 수 있나요?

또이 꺼 테 짜이 응이엠 꼼 비엑
람 도 곰 콤 아

Tôi có thể trải nghiệm công việc
làm đồ gốm không ạ?

· 머드 체험을 해보고
싶어요.

또이 무온 짜이 응이엠 땀 분 코앙
아

Tôi muốn trải nghiệm tắm bùn
khoang ạ.

· 소수 민족 체험을 해보고
싶어요.

또이 무온 짜이 응이엠 반 호아
꾸어 전 똡 티에우 쏘 아

Tôi muốn trải nghiệm văn hóa
của dân tộc thiểu số ạ.

관광

· 이 지역 특산물을
  먹어보고 싶어요.

또이 무온 안 닥 싼 꾸어 붐
나이 아

Tôi muốn ăn đặc sản của vùng
này ạ.

## 11 기념품 가게 🎁

# cửa hàng bán đồ lưu niệm [끄어 항 반 도 르우 니엠]

· 기념품 가게는 어디에
  있나요?

끄어 항 반 도 르우 니엠 어
더우 아

Cửa hàng bán đồ lưu niệm ở
đâu ạ?

· 기념품 가게는 먼가요?

끄어 항 반 도 르우 니엠 꺼 싸
더이 콤 아

Cửa hàng bán đồ lưu niệm có
xa đây không ạ?

· 기념품을 사려고 해요.

또이 딩 무어 도 르우 니엠 아

Tôi định mua đồ lưu niệm ạ.

## 12 화장실 ♒♙  nha vệ sinh
[냐 베 씽]

---

· 화장실은 어디 있나요?

냐 베 씽 어 더우 아
Nhà vệ sinh ở đâu ạ?

· 화장실은 밖에 있나요?

냐 베 씽 어 벤 응오아이 아
Nhà vệ sinh ở bên ngoài ạ?

· 화장실은 공연장 안에는 없나요?

너이 비에우 지엔 콤 꺼 냐 베 씽 아
Nơi biểu diễn không có nhà vệ sinh ạ?

관광

## 13 예매 📧

### đặt vé (trước)
[닫 배 (쯔억)]

---

· 공연 티켓을 예매하려고
해요.

또이 무온 닫 배 쩌 부오이 비에우
지엔 아
Tôi muốn đặt vé cho buổi biểu
diễn ạ.

· 예매했어요.

또이 다 닫 배 쯔억 조이 아
Tôi đã đặt vé trước rồi ạ.

· 예매를 안 했어요.

또이 쯔어 닫 배 쯔억 아
Tôi chưa đặt vé trước ạ.

· (오늘) 표가 남아 있나요?

홈 나이 껀 배 파이 콤 아
Hôm nay còn vé phải không ạ?

## 14 좌석

### chỗ ngồi
[쪼 응오이]

· 앞 좌석으로 주세요.

쩌 또이 쪼 응오이 피어 쯔억 아
Cho tôi chỗ ngồi phía trước ạ.

· 뒷좌석으로 주세요.

쩌 또이 쪼 응오이 피어 싸우 아
Cho tôi chỗ ngồi phía sau ạ.

· 중간 좌석으로 주세요.

쩌 또이 쪼 응오이 어 지으어 아
Cho tôi chỗ ngồi ở giữa ạ.

· 좋은 자리로 주세요.

쩌 또이 쪼 응오이 댑 아
Cho tôi chỗ ngồi đẹp ạ.

## 15 케이블카

### cáp treo
[깝 째오]

· 케이블카는 어디에서
타나요?

디 깝 째오 어 더우 버이 아
Đi cáp treo ở đâu vậy ạ?

관광

· 케이블카는 최대 몇 명이
탈 수 있나요?

깝 째오 또이 다 디 머이
응으어이 아
Cáp treo tối đa đi mấy người ạ?

· 케이블카는 티켓은
어디에서 구매하나요?

무어 배 깝 째오 어 더우 아
Mua vé cáp treo ở đâu ạ?

· 케이블카 운행 시간은
어떻게 되나요?

터이 지안 호앋 돔 꾸어 깝 째오
니으 테 나오 아
Thời gian hoạt động của
cáp treo như thế nào ạ?

· 여기에서부터 저기까지는
얼마나 걸리나요?

뜨 더이 덴 더 먿 바오 러우 아
Từ đây đến đó mất bao lâu ạ?

# 16 마사지 👣

## mát xa
[맏 싸]

· 마사지를 받고 싶어요.
또이 무온 드억 맏 싸 아
Tôi muốn được mát xa ạ.

· 근처에 마사지숍이 있나요?
건 더이 꺼 띠엠 맏 싸 나오 콤 아
Gần đây có tiệm mát xa nào
không ạ?

· 발 마사지를 받고 싶어요.
또이 무온 맏 싸 쩐 아
Tôi muốn mát xa chân ạ.

· 더 세게 해주실 수 있나요?
마잉 헌 드억 콤 아
Mạnh hơn được không ạ?

· 너무 아파요.
다우 꾸아 아
Đau quá ạ.

· 너무 시원해요.
토아이 마이 꾸아 아
Thoải mái quá ạ

관광

# 빨리찾아

쇼핑

# 쇼핑할 때

## 01 이것이 있나요?

## Có cái này không?
[꺼 까이 나이 콤]

---

· 이것이 있나요?
꺼 까이 나이 콤 아
Có cái này không ạ?

· 더 저렴한 것이 있나요?
꺼 까이 나오 재 헌 콤 아
Có cái nào rẻ hơn không ạ?

· 또 다른 것이 있나요?
꺼 까이 칵 콤 아
Có cái khác không ạ?

· 다른 색이 있나요?
꺼 마우 칵 콤 아
Có màu khác không ạ?

· 큰 것이 있나요?
꺼 꺼 런 헌 콤 아
Có cỡ lớn hơn không ạ?

· 작은 것이 있나요?
꺼 꺼 녀 헌 콤 아
Có cỡ nhỏ hơn không ạ?

154

· 새것이 있나요?

꺼 까이 머이 콤 아
Có cái mới không ạ?

## 02 셔츠

**áo sơ mi**
[아오 써 미]

· 셔츠를 보려고 해요.

또이 무온 쌤 아오 써 미 아
Tôi muốn xem áo sơ mi ạ.

· 이것보다 긴 셔츠가
있나요?

꺼 아오 써 미 나오 자이 헌 콤 아
Có áo sơ mi nào dài hơn
không ạ?

· 이것은 남자 옷인가요?

까이 나이 꾸어 남 파이 콤 아
Cái này của nam phải không ạ?

· 이것은 여자 옷인가요?

까이 나이 꾸어 느 파이 콤 아
Cái này của nữ phải không ạ?

· 넥타이도 보려고
해요.

또이 무온 쌤 까 밧 느어 아
Tôi muốn xem cà vạt nữa ạ.

쇼핑

## 03 치마/바지   **váy / quần**
[바이/꾸언]

---

· 치마/바지를 보려고 해요.    또이 무온 쌤 바이/꾸언 아
Tôi muốn xem váy/quần ạ.

· 아오자이가 있나요?    꺼 아오 자이 콤 아
Có áo dài không ạ?

· 긴 치마/바지가 있나요?    꺼 바이/꾸언 자이 콤 아
Có váy/quần dài không ạ?

· 짧은 치마/바지가 있나요?    꺼 바이/꾸언 응안 콤 아
Có váy/quần ngắn không ạ?

· 드레스가 있나요?    꺼 바이 끄어이 콤 아
Có váy cưới không ạ?

## 04 사이즈   **cỡ**
[꺼]

---

· 이 사이즈가 있나요?    아잉/찌 꺼 꺼 나이 콤 아
Anh/Chị có cỡ này không ạ?

---

| · 너무 커요. | 떠 꾸아 아 |
|---|---|
| | To quá ạ. |
| · 너무 작아요. | 녀 꾸아 아 |
| | Nhỏ quá ạ. |
| · 더 큰 것으로 주세요. | 쩌 또이 까이 런 헌 아 |
| | Cho tôi cái lớn hơn ạ. |
| · 더 작은 것으로 주세요. | 쩌 또이 까이 녀 헌 아 |
| | Cho tôi cái nhỏ hơn ạ. |

## 05 입어보다/ 신어보다

**mặc thử / đi thử**
[막 트/디 트]

| · 이것으로 입어볼게요. | 또이 쌔 막 트 까이 나이 아 |
|---|---|
| · 이것으로 신어볼게요. | 옷 Tôi sẽ mặc thử cái này ạ. |
| | 또이 쌔 디 트 까이 나이 아 |
| | 신발 Tôi sẽ đi thử cái này ạ. |
| · 다른 것으로 입어볼게요. | 또이 쌔 막 트 까이 칵 아 |
| | Tôi sẽ mặc thử cái khác ạ. |

쇼핑

· 다른 사이즈로 신어볼게요.  또이 쌔 디 트 꺼 칵 아

Tôi sẽ đi thử cỡ khác ạ.


## 06 선물 🎁

**quà**
[꾸아]

---

· 선물 포장을 해 주세요.  하이 거이 꾸아 지웁 또이 냬

Hãy gói quà giúp tôi nhé.

· 선물로는 무엇이 좋나요?  까이 나오 헙 데 람 꾸아 아

Cái nào hợp để làm quà ạ?

· 이것은 선물로 잘  응으어이 따 꺼 하이 무어 먼 나이
나가나요?  람 꾸아 콤 아

Người ta có hay mua món này
làm quà không ạ?

## 07 주류

**rượu**
[즈어우]

· 술은 어디에서 사나요?

또이 꺼 테 무어 즈어우 어 더우 아
Tôi có thể mua rượu ở đâu ạ?

· 레드 와인을 보여주세요.

람 언 쩌 또이 쌤 즈어우 방 더 아
Làm ơn cho tôi xem rượu vang đỏ
ạ.

· 넵머이를 보여주세요.

람 언 쩌 또이 쌤 즈어우 넵 머이
아
Làm ơn cho tôi xem rượu
Nếp Mới ạ.

· 1인당 몇 병을 살 수
있나요?

모이 응어어이 티 드억 무어 머이
짜이 아
Mỗi người thì được mua mấy
chai ạ?

쇼핑

## 08 차 🫖

**trà**
[짜]

· 녹차가 있나요?

꺼 짜 싸잉 콤 아
Có trà xanh không ạ?

· 우롱차가 있나요?

꺼 짜 오 럼 콤 아
Có trà Ô Long không ạ?

· 밀크티가 있나요?

꺼 짜 쓰어 콤 아
Có trà sữa không ạ?

## 09 향수 🧴

**nước hoa**
[느억 호아]

· 향수를 보려고 해요.

또이 무온 쌤 느억 호아 아
Tôi muốn xem nước hoa ạ.

· 이것의 향을 맡아봐도
되나요?

또이 꺼 테 응으이 트 드억 콤 아
Tôi có thể ngửi thử được không
ạ?

· 달콤한 향 있나요?

꺼 무이 나오 지우 헌 콤 아
Có mùi nào dịu hơn không ạ?

· 상큼한 향 있나요?

꺼 무이 나오 텀 맏 헌 콤 아
Có mùi nào thơm mát hơn
không ạ?

## 10 시계 🤜

**đồng hồ**
[돔 호]

· 손목시계 보려고 해요.

또이 무온 쌤 돔 호 대오 따이 아
Tôi muốn xem đồng hồ đeo tay
ạ.

· 여자 시계를 보여주세요.

람 언 쩌 또이 쌤 돔 호 대오 따이
느 아
Làm ơn cho tôi xem đồng hồ
đeo tay nữ ạ.

· 남자 시계를 보여주세요.

람 언 쩌 또이 쌤 돔 호 대오 따이
남 아
Làm ơn cho tôi xem đồng hồ
đeo tay nam ạ.

쇼핑

· 어린이 시계를 보여주세요.

람 언 쩌 또이 쌤 돔 호 대오 따이 째 앰 아

Làm ơn cho tôi xem đồng hồ đeo tay trẻ em ạ.

## 11 가방

**túi xách**
[뚜이 싸익]

· 가방을 보려고 해요.

또이 무온 쌤 뚜이 싸익 아
Tôi muốn xem túi xách ạ.

· 숄더백을 보여주세요.

람 언 쩌 또이 쌤 뚜이 대오 바이 아
Làm ơn cho tôi xem túi đeo vai ạ.

· 토트백을 보여주세요.

람 언 쩌 또이 쌤 뚜이 싸익 런 아
Làm ơn cho tôi xem túi xách lớn ạ.

· 클러치백을 보여주세요.

람 언 쩌 또이 쌤 뚜이 껌 따이 아
Làm ơn cho tôi xem túi cầm tay ạ.

· 지갑을 보여주세요.

람 언 쩌 또이 쌤 비 아
Làm ơn cho tôi xem ví ạ.

· 장지갑을 보여주세요.

람 언 쩌 또이 쌤 비 자이 아
Làm ơn cho tôi xem ví dài ạ.

## 12 화장품 📱

**mỹ phẩm**
[미 펌]

· 화장품 코너는 어디인가요?

꾸어이 미 펌 어 더우 아
Quầy mỹ phẩm ở đâu ạ?

· 화장품을 보려고 해요.

또이 무온 쌤 미 펌 아
Tôi muốn xem mỹ phẩm ạ.

· 크림을 보여주세요.

람 언 쩌 또이 쌤 깸 즈엉 아
Làm ơn cho tôi xem kem dưỡng ạ.

쇼핑

· 파운데이션을 보여주세요.    람 언 쩌 또이 쌤 깸 넨 아
Làm ơn cho tôi xem kem nền ạ.

· 마스카라를 보여주세요.    람 언 쩌 또이 쌤 마스카라 아
Làm ơn cho tôi xem mascara ạ.

· 립스틱을 보여주세요.    람 언 쩌 또이 쌤 썬 모이 아
Làm ơn cho tôi xem son môi ạ.

## 13   할인/세일    giảm giá / khuyến mãi [지암 지아/쿠이엔 마이]

· 할인이 되나요?    꺼 지암 지아 콤 아
Có giảm giá không ạ?

· 얼마나 할인을 해주시나요?    지암 바오 니에우 아
Giảm bao nhiêu ạ?

· 할인을 더 해주실 수 있나요?    지암 지아 느어 드억 콤 아
Giảm giá nữa được không ạ?

· 이것은 세일 중인가요?

까이 나이 당 쿠이엔 마이 콤 아
Cái này đang khuyến mãi không
ạ?

· 이 가격은 세일 금액
인가요?

지아 나이 라 지아 쿠이엔 마이 아
Giá này là giá khuyến mãi ạ?

· 이것도 세일 품목이
맞나요?

까이 나이 꿈 라 항 쿠이엔 마이
파이 콤 아
Cái này cũng là hàng
khuyến mãi phải không ạ?

## 14 지급

**trả tiền**
[짜 띠엔]

· 이것은 얼마인가요?

까이 나이 바오 니에우 띠엔 아
Cái này bao nhiêu tiền ạ?

· 20,000동입니다.

하이 므어이 응인 돔 아
20.000 đồng ạ.

· 너무 비싸요.

닫 꾸아 아
Đắt quá ạ.

쇼핑

· 조금만 깎아주세요.

지암 몯 쭏 쩌 또이 디 아
Giảm một chút cho tôi đi ạ.

· 조금만 더 깎아주실 수
있나요?

벋 쭏 느어 드억 콤 아
Bớt chút nữa được không ạ?

· 현금으로 할게요.

또이 짜 방 띠엔 맏 아
Tôi trả bằng tiền mặt ạ.

· 카드로 할게요.

또이 짜 방 태 아
Tôi trả bằng thẻ ạ.

## 15 영수증 📋

### hoá đơn
[호아 던]

· 영수증이 필요하세요?

아잉/찌 꺼 껀 호아 던 콤 아
Anh/Chị có cần hóa đơn không
ạ?

· 영수증이 필요해요.

또이 껀 호아 던 아
Tôi cần hóa đơn ạ.

· 영수증을 안 주셨어요.

아잉/찌 쯔어 드어 호아 던 쩌
또이 아
Anh/Chị chưa đưa hóa đơn cho
tôi ạ.

## 16 포장 🗳 **gói (lại)**
[거이 (라이)]

· 포장을 해주세요.

씬 거이 까이 나이 라이 지웁
또이 아
Xin gói cái này lại giúp tôi ạ.

· 따로따로 포장을 해주세요.

씬 거이 지엥 뜽 까이 쩌 또이 아
Xin gói riêng từng cái cho tôi ạ.

· 포장은 이것 하나만
해주세요.

거이 까이 나이 쩌 또이 토이 내
Gói cái này cho tôi thôi nhé.

· 포장하는데 비용이 드나요?

꺼 먿 띠엔 거이 콤 아
Có mất tiền gói không ạ?

· 그냥 제가 집에서
포장할게요.

또이 쌔 뜨 거이 라이 어 냐 아
Tôi sẽ tự gói lại ở nhà ạ.

쇼핑

# 빨리찾아

# 귀국할 때

## 01 확인

**kiểm tra**
[끼엠 짜]

| | |
|---|---|
| · 티켓을 확인하려고 해요. | 또이 무온 끼엠 짜 배 마이 바이 꾸어 또이 아<br>Tôi muốn kiểm tra vé máy bay của tôi ạ. |
| · 자리를 확인하려고 해요. | 또이 무온 끼엠 짜 쪼 응오이 꾸어 또이 아<br>Tôi muốn kiểm tra chỗ ngồi của tôi ạ. |
| · 출발 시간을 확인하려고 해요. | 또이 무온 끼엠 짜 터이 지안 쑤얻 팓 아<br>Tôi muốn kiểm tra thời gian xuất phát ạ. |

## 02 변경

**thay đổi**
[타이 도이]

· 비행기를 변경하려고 해요.
또이 무온 타이 도이 쭈이엔 바이 아
Tôi muốn thay đổi chuyến bay ạ.

· 티켓을 변경하려고 해요.
또이 무온 타이 도이 배 마이 바이 아
Tôi muốn thay đổi vé máy bay ạ.

· 비행 시간을 변경하려고 해요.
또이 무온 타이 도이 지어 바이 아
Tôi muốn thay đổi giờ bay ạ.

· 자리를 변경하려고 해요.
또이 무온 타이 도이 쪼 응오이 아
Tôi muốn thay đổi chỗ ngồi ạ.

귀국

## 03 지연 ✈

**hoãn**
[호안]

· 비행기가 무슨 일로
  지연되나요?

쭈이엔 바이 비 호안 비 쭈이엔
지 아
Chuyến bay bị hoãn vì chuyện
gì ạ?

· 비행기가 언제까지
  지연되나요?

쭈이엔 바이 꾸어 또이 비 호안 덴
키 나오 아
Chuyến bay của tôi bị hoãn đến
khi nào ạ?

· 비행기가 지연되어서
  하루 더 있어야 해요.

비 쭈이엔 바이 비 호안 넨 또이
파이 어 템 몯 응아이 느어 아
Vì chuyến bay bị hoãn nên tôi
phải ở thêm một ngày nữa ạ.

## 04 자리

### chỗ ngồi
[쪼 응오이]

· 창가 자리로 주세요.

람 언 쩌 또이 게 까잉 끄어 쏘 아
Làm ơn cho tôi ghế cạnh
cửa sổ ạ.

· 복도 자리로 주세요.

람 언 쩌 또이 게 까잉 로이 디 아
Làm ơn cho tôi ghế cạnh lối đi
ạ.

· 옆자리로 주세요.

람 언 쩌 또이 게 벤 까잉 아
Làm ơn cho tôi ghế bên cạnh ạ.

## 05 제한

### giới hạn
[지어이 한]

· 중량 제한이 얼마인가요?

쩸 르엉 지어이 한 라 바오 니에우
아
Trọng lượng giới hạn là bao
nhiêu ạ?

귀국

· 기내 중량 제한은요?

쩜 르엉 지어이 한 꾸어 하잉 리
싸익 따이 티 싸오 아
Trọng lượng giới hạn của
hành lý xách tay thì sao ạ?

## 06 수화물  **hành lý**
[하잉 리]

---

· 저는 위탁 수화물이 없어요.

또이 콤 꺼 하잉 리 끼 그이 아
Tôi không có hành lý kí gửi ạ.

· 저는 기내 수화물이 두 개
있어요.

또이 꺼 하이 하잉 리 싸익 따이 아
Tôi có hai hành lý xách tay ạ.

· 제 수화물이 무게 초과
인가요?

하잉 리 꾸어 또이 꺼 꾸아 껀
콤 아
Hành lý của tôi có quá cân
không ạ?

## 07 경유

### quá cảnh
[꾸아 까잉]

---

· 환승 라운지가 어디인가 요?

펌 쩌 꾸아 까잉 어 더우 아
Phòng chờ quá cảnh ở đâu ạ?

· ○○를 경유해서 인천으로 가려고 해요.

또이 꾸아 까잉 어 디 인천 아
Tôi quá cảnh ở ○○ đi Incheon ạ.

## 08 텍스 환급 (리펀)

### hoàn thuế
[호안 투에]

---

· 텍스 환급하는 곳이 어디인가요?

쪼 호안 투에 어 더우 아
Chỗ hoàn thuế ở đâu ạ?

· 텍스 환급이 되나요?

또이 꺼 드억 호안 투에 콤 아
Tôi có được hoàn thuế không ạ?

· 텍스 환급이 왜 안되나요?

따이 싸오 또이 콤 드억 호안 투에 아
Tại sao tôi không được hoàn thuế ạ?

귀국

**S** 시원스쿨닷컴